[Magische Worte

Magische Worte

Denn Worte haben Kraft

Geschrieben von Anke Johanningmann

Veröffentlicht im Hexenzeiten-Verlag

Liebe Leserin & Leser,

als kleines Dankeschön für Ihre jahrelangen Treue bieten wir Ihnen hier die Möglichkeit eine Persönlichkeits-Analyse von See-len-Mysterium (früher Hexenzeiten-Verlag) zu erhalten.

Über den folgenden QR-Code erhalten Sie weitere Informatio-nen zu unseren Analysen sowie unserem Verlagsprogramm.

Anke Johanningmann

Magische Worte

Denn Worte haben Kraft

Autor: Anke Johanningmann
Umschlaggestaltung, Illustration: A.J. Fotos-AmGrenzwert
Lektorat, Korrektorat: Das Allroundgenie

Verlag: Hexenzeiten-Verlag
ISBN Softcover: 978-3-384-18357-6
ISBN E-Book: 978-3-384-18359-0
ISBN Hardcover: 978-3-384-18358-3
ISBN Großschrift: 978-3-384-18360-6
Gedruckt in Deutschland

Druck & Vertrieb: (im Auftrag der Autorin)

Tredition GmbH, Heinz-Beusen-Stieg 5,

22926 Ahrensburg,

Bibliografische Information der Deutschen Nationalbibliothek:

Die Deutsche Nationalbibliothek verzeichnet diese Publikation in der Deutschen Nationalbibliografie; detaillierte bibliografische Daten sind im Internet über http://dnb.d-nb.de abrufbar.

Inhalt

Sigillen

Sind - richtig angewendet - eine einfache und sehr wirkungsvolle magische Technik, die praktisch ohne Werkzeug auskommt. Man kann aus der Arbeit mit den Sigillen zwar ein eigenes Ritual machen, notwendig ist das jedoch nicht. Sigillen sind eine chaosmagische Praxis.

Voraussetzungen und Zubehör

Da die Sigillenmagie sich in erster Linie auf geistige Techniken stützt, ist eine gewisse Erfahrung in Konzentrationstechniken unabdingbar. Außerdem ist es notwendig, unbefangen an die Sigille heranzugehen, d.h. man konzentriert sich auf den rein visuellen Reiz, nicht auf den Inhalt des Wunsches, der mittels Sigille realisiert werden soll.

Für die klassische Sigillenmagie ist lediglich ein Stück Papier und ein Stift notwendig.

Was sind Sigillen und woher kommen sie?

Die Sigillenmagie stammt in ihrer heutigen Form von Austin Osman Spare, einem englischen Magier, der niemals die Bedeutung erlangte, wie beispielsweise Aleister Crowley. Sigille bedeutet einfach

"Zeichen". Eine Sigille ist ein vom Magier individuell entwickeltes symbolisches Zeichen, das den Wunsch in abstrakt-verkürzter Form darstellt. Die Sigille wird nach der Fertigstellung quasi verinnerlicht, übertragen, d.h. der Wunsch wird der höheren Instanz (dem eigenen Unterbewussten) übergeben. Zum Schluss wird die Sigille entweder vernichtet oder der Natur übergeben. Der Wunsch sollte vergessen werden.

Die Gestaltung der Sigillen

ist dem Magier überlassen. Man kann Runenzeichen verwenden, eine abstrakte Zeichnung anfertigen oder aus dem geschriebenen Wunsch eine Sigille anfertigen. Dies ist die gebräuchlichste Form. Es existieren auch Klang- und potenzierte Sigillen; diese Spezialformen wurden erst in letzter Zeit populär. Eine konventionelle Sigille wird folgendermaßen erstellt: Wenn der Wunsch EIN NEUER GUTER JOB lautet, werden zunächst alle doppelt vorkommenden Buchstaben gestrichen.

Das Ergebnis sieht so aus: EIN NEUER GUTER JOB. Aus den verbliebenen Buchstaben EINURGTJOB fertigt man nun eine Art abstrakter Zeichnung an, in der die Buchstaben willkürlich zu einem Bild zusammengesetzt werden, dabei ist es wichtig, dass der ursprüngliche Text bzw. die Buchstabenfolge nicht mehr erkennbar ist. Die fertige Sigille zeichnet man auf ein Stück Papier.

Das Verinnerlichen der Sigille...

...ist der nächste Schritt. Da man - wenn möglich - die Bedeutung der Sigille wenigstens ignorieren sollte, empfiehlt es sich, einige Zeit verstreichen zu lassen oder mehrere Sigillen anzufertigen und sie nacheinander zu übertragen, wenn man nicht mehr weiß, welche Sigille für welchen Wunsch steht. Es stehen eine Vielzahl von Übertragungsmethoden zur Verfügung und man kann diese auch an seine persönlichen Bedürfnisse anpassen. Die gängigste Methode ist, die Sigille konzentriert zu betrachten und als Muster, nicht als Buchstabenkombination, zu begreifen. Diese Konzentrations- bzw. Anspannungsphasen können sich mit ekstatischen Phasen abwechseln, z.B. Trancetänze. Man sollte sich in jedem Fall Zeit für die Verinnerlichung der Sigille nehmen.

Das Übertragen der Sigille...

...erfolgt unmittelbar nach der Verinnerlichung. Auch hier gibt es verschiedene Techniken. Ich mache es wie bei meinen übrigen Zaubern und konzentriere mich stark auf die Sigille und visualisiere dann, wie ich sie kräftig in den Raum hinausschicke. Auch hier ist Ausprobieren angesagt, bis man die richtige Methode für sich entdeckt hat.

Nach der Übertragung...

...sollte man die Sigille tunlichst vergessen und sich auch nicht mehr an die Form erinnern, die man vor der Übertragung verinnerlicht hat. Einen dringenden Wunsch zu vergessen ist natürlich schwieriger, aber man muss versuchen, eine möglichst indifferente Haltung zu entwickeln und möglichst wenig daran zu denken. Dazu gehörten viel Disziplin, Übung und Vertrauen in die Kraft der Magie. Auf keinen Fall sollte man sich ungeduldig fragen, wann das erwünschte Ergebnis endlich eintreten wird.

Die praktische Arbeit mit Sigillen...

...ist nicht so einfach, wie es sich anhört oder wie die Literatur es einen glauben machen will. Dies gilt für den Teil, der von unserem Geist und Verstand bewältigt wird, denn beide müssen überlistet werden, damit Sigillenmagie funktioniert. Wenn Sigillen ihre Wirkung entfalten, tun sie das oft sehr heftig und mit fulminanten Ergebnissen. Viele magisch arbeitenden Leute, die sich an Sigillen versuchten (darunter auch ich), beschwerten sich zunächst, dass die Methode nicht funktioniere. Erst als wir die Hoffnung aufgegeben und die Sigille samt

Wunsch abgeschrieben hatten, bekamen wir, was wir wollten. Meist auf sehr überraschende Weise und mit einem Ergebnis, mit dem wir in dieser Form nicht gerechnet hatten. Das bedeutet hier ganz besonders, dass man offen sein muss für das, was kommt, damit man es auch erkennt.

Kapitel 2 – EINFÜHRUNG IN DIE WORTMAGIE

Am Anfang war das Wort

Aus Urzeiten ist uns das seltsame Wort überkommen, dieser tiefgründige Ausspruch, der im Wissensgut aller Völker mit tiefer, götterdurchdrungener Religion und Philosophie zu finden ist.

Um darlegen zu können, welche Macht und Gewalt ein Wort, richtig angewandt und ausgesprochen, haben kann und soll, muss ich den Leser bitten, mir zuerst in das Gebiet der esoterischen Auslegung des oben angeführten Weisheitswortes zu folgen. Was bedeutet der Satz „Im Anfang war das Wort?" Das größte, was dem Wort zugrunde liegt, und was derjenige, der das Wort gebrauchen kann, von den Tieren unterscheidet, ist der Begriff. Alles, was denkbar ist, hat als Unterlage den Begriff. Er ist das Grundlegende für alles, was ist, was lebt, was atmet.

Der Begriff ist es, der den Menschen von den Tiers unterscheidet, der ihn in die höchste Geistigkeit erhebt. Das Tier hat Instinkt und handelt danach. Der Mensch dagegen besitzt den Verstand. Aber der Verstand ist es nicht, der den Menschen weit über alle gedachten Möglichkeiten emporhebt, der ihn zum Gott werden lassen kann, sondern das denkende Gemüt.

Das Gemüt, das nicht durch den Intellekt geleitet wird, das weiter besteht, wenn selbst das Gehirn in Unordnung gerät, ist es, was die Begriffe hervorzaubert. Das Tier handelt aus instinktmäßigem Verstande heraus, der Mensch aus Vernunft, durch

Begriffe, die aus dem denkenden Gemüt hervorgehen. Es gibt kein Tier, das universal konkrete, also sichtbare Dinge durch einen Begriff festlegen, in seinem Denken als Erinnerung und Erfahrungsgut aufspeichern könnte.

Der Mensch vermag neben konkreten auch abstrakten Dingen zu begreifen, er kann Begriffe wie

Sorge, Not, Elend, Energie, Kraft, Sieg, Glück, Seligkeit schöpferisch bilden, er kann diese

Dinge in sich gestalten, sie zu vollkommenen Vorstellungen erheben. Als der in die Erscheinung getretene Gott (wie die Upanischad der Veden die erste Manifestation des Brahmans als Brahma bezeichnen) im Anfang war, war Er kontemplativ.

Auch das Wort „Anfang" bezeichnet nicht etwa den Anfang einer Gottheit. Denn diese ist für menschliche Begriffe ohne Anfang, ohne Ende. Anfang bedeutet hier den Beginn unseres gegenwärtigen Weltenkreislaufs.

In diesem Anfang war der Begriff. Aus diesem Begriff entstand der Gedanke, der bereits in

Rotation, ins Kreisen gebrachte Begriff. Das daraus folgende Wort aber bedeutet die Verwirklichung des Begriffs. Eine Gottheit musste, um einen Begriff zu verwirklichen, das gesprochene (oder auch gedachte) Wort anwenden.

Das Wort, das sich aus Lauten zusammensetzt. Das Tier kennt nur den Laut, den Schrei; der Mensch setzt alle Laute zusammen aus Begriffen, aus den daraus entstehenden Gedanken heraus. So bildet der Mensch als Behälter der Götter, immer wieder neue Worte durch seine Dichter, Denker, Erfinder und Schöpfer. (Allein im Kriege sind über fünftausend neue Worte entstanden, die sich auf neuen, zum Teil durch Assoziationen gebildeten Begriffen gestalteten.)

Am Anfang war das Wort. Es war das einzig Bestehende, das in der Welt der Erscheinung Gerufene, das Verwirklichende des Gedankens, des Begriffs. Schon daraus geht hervor, welche ungeheuer Macht das Wort besitzt. Durch Worte, deren Unterlage Begriffe sind, ruft der Mensch Kriege, Not, Elend, Glück, Seligkeit, Kraft und Freude ans Tageslicht, durch Worte werden die Wellen unseres Bewusstwerdens geschaffen, werden zum Sein erhoben. Durch aneinander gereihte Worte wird der Sinn einer Sache klargelegt, wird geschaffen, gestaltet.

Durch aneinander gereihte Worte werden Vorstellungen im Menschen gebildet, werden neue Begriffe vermittelt, werden Schicksale gestaltet, die den Menschen zu Tränen zu rühren, ihn zur äußersten Wut zu reizen vermögen. Unser ganzes Tun und

Treiben im Leben, in der Kunst, in der Philosophie und im Handel: Alles wird gestaltet aus dem Wort, dem Gedanken, dem Begriff.

Das Wort ist der größte Schöpfer und Gestalter. Denn das Wort des Anfangs ist bei den Göttern. Genau übersetzt: Das Wort des Anfangs ist in den Göttern. Und die Götter sind das Wort. Dieser Ausspruch sagt alles. Das

Wort ist in den Göttern. Da der Mensch aber Benutzer und Anwender des Wortes ist, so ist dieses Wort in ihm selbst gleichzeitig auch der göttliche Ursprung in ihm selbst. Götter sind das Wort. Das heißt, dass die Möglichkeit einen Begriff durch das Wort (oder auch Worte) auszudrücken und zu verwirklichen nur derjenige hat bzw. besitzt, der Gott/Göttin ist. In seinem innersten Wesen ist der Mensch Gott/Göttin. Denn in ihm liegt der Begriff, der Gedanke, das Wort.

Im Menschen ist das Wort, im Menschen ist Göttlichkeit

Des Menschen tiefinnerstes Wesen ist dasjenige, was den Begriff in ihm bilden kann. Des Menschen Wesenskern ist das Licht, das ihm den Begriff des Bewusstseins gibt. Dieses Wort im Menschen, dieses innerste Heilige im Menschen ist es, das ihm bezeugt, dass er ist, dass er da ist, dass er sich seiner selbst bewusst wird. Dass er sprechen kann, den Begriff im Worte kleiden kann:

Ich bin!

Der Zeuge des Seins im Menschen ist das Wort, ist der Gott/Göttin selbst.

Denn die Götter sind das Wort!

Denn die Möglichkeit der Begriffsbildung durch das Wort ist der Gott/die Göttin!

Durch das Wort werden die Gedanken in Bewegung gesetzt, durch das Wort werden Energien frei, kreisen Verwirklichungen. Durch das Wort ist der

Mensch, der Gott/die Göttin in ihm, die Ursache seiner selbst! Das Wort ist im Anfang in den Göttern! Denn es ist der Verursacher und die Ursache alles dessen, was ist.

Das Wort ist göttlich, das Unvergängliche, das Licht…

Welches unser Sein hell beleuchtet, das Bewusstwerden erzeugt, dass wir seiner inne werden. Alle Dinge sind durch das Wort, durch die Götter im Menschen gemacht. Diese ganze Schöpfung, wie sie sich unseren Augen darbietet, ist ein Werk des Wortes in uns, in den Göttern. Ohne das Wort wird zunichte, was (etwa) gemacht wäre. Das ist die Bedeutung des Spruchs:

„Alle Dinge sind durch dasselbe gemacht, und ohne dasselbe ist nichts gemacht, was gemacht ist".

Ohne das Wort, das die Götter in uns sind, würde das vergehen, was nicht in Ihm und durch sie geschaffen worden wäre. Darum wird alles vergehen, was durch den Missbrauch des Wortes, der Gewalt des Wortes in die Welt gesetzt worden ist. Und das ist alles, was Missbrauch der Natur bedeutet, das künstliche Gebilde verstandesmäßig erschafft hat, ohne es durch das innerste Gott Wort in das Sein des Unvergänglichen zu rufen.

Das Wort ist Leben, ist Licht in uns. Denn — wie schon erwähnt — es ist der Zeuge der Wahrheit in uns, es ist der Zeuge, der uns bezeugt, dass wir leben, dass wir sind. Es ist das Licht in uns, die Götter in uns.

Es ist das „Licht der Menschen". Dieses Licht, dieser Zeuge des ewigen unvergänglichen

Lebens in uns scheint in die Finsternis des Noch-nicht-Begriffenen. Und die Finsternis des Noch-nicht-Begriffenen hat es nicht begriffen. Das will sagen, dass der Mensch empfänglich ist für Millionen und Abermillionen göttlicher Begriffe, dass die Götter im Menschen in die dunkelsten Geheimnisse des Verstandes-Ichs leuchtet vermittels des Wortes, des innersten

Zeugen des Lichts in uns, der Götter in uns. Das Bewusstsein und der Verstand sollen der Herrlichkeit im Menschen innewerden, die ihm allein das Wort, das die Götter sind, vermitteln.

Denn die Götter, das schöpferische Wort, die Fähigkeit des Ausdrucks des Wortes, hat sich herabgesenkt ins Fleisch, in diese Welt der

Erscheinung, der Schöpfung. Das Wort aber, das Die Götter allein und all-ein sind, ist ein ganz bestimmtes Wort, das in jedem Menschen schwingen, das für jeden Menschen verschieden sein kann, dass aber jeder Mensch für sich auszusprechen vermag:

Das Wort, der Namen der Götter in ihm selbst. Die Götter offenbaren sich im Menschen durch das Wort, den Gedanken, den Begriff. Tun sie es so, dass

der Mensch ganz vor Göttlichkeit erfüllt ist, dass jede Faser seines Seins in

Ihm, in Göttlichkeit vibriert, dann offenbart sich das Götter-Wort im Menschen, dann wird dem Menschen der Name des Gottes/der Göttin in ihm selbst klar, dann sind Gott/Göttin und der Mensch ein eines, der Zeuge in ihm ist zum Schöpfer seiner selbst geworden. Ein solcher Mensch vernimmt mit feinem Ohr alle Töne, Laute und Begriffe der Schöpfung, ein solcher

Mensch ist eines mit den Göttern, es besteht dann ein Unterschied zwischen Ihm und seinem kleinen Ich nicht mehr. Ist der Mensch so weit in seinem

Inneren durch Übung und Kraftaufspeicherung gelangt, dass er dieses Göttliche Wort in sich offenbaren kann, dass der Gott/die Göttin ihn füllt und ganz einnimmt, dann sagen wir, dass dieser Mensch ein Gott/eine Göttin ist, dass er einen Namen über alle Namen erhalten hat, dass er fleischgewordene Göttlichkeit ist, geworden. Es entsteht nun für den Leser die Frage:

Wie erlange ich die Fähigkeit, diesem Worte der Götter, dieser unumstößlichen Wahrheit in mir selbst Ausdruck zu geben? Wie finde ich das für mich geeignete Wort in mir? Den Namen eines Göttes/einer Göttin in meinem Selbst? Denn, lieber Leser, lass es mich zum Ausdruck bringen:

Wenn du dieses Wort, das deiner innersten Wesensart entspricht und deinen Wesenskern freilegt, so dass auch du zum personifizierten Wort der Götter werden kannst, findest du, dann hast du dadurch Gewalt und Macht über viele

Dinge und über die Natur vor allem deiner eigenen Seele. Und damit ist verbunden das Erlangen großer Kräfte und Zustände, die dir das Unbegreifliche erfassbar nahe rücken und die dich selbst auf eine hohe Stufe der Erkenntnis stellen. Und damit gelangen wir auf das Gebiet der grundsätzlichen

Erörterung der Wortmagie oder des Magischen Wortes.

Es entsteht zunächst für den Leser die Frage: Was ist ein magisches Wort?

Unter einem magischen Wort versteht man ein einziges Wort, das geeignet ist, im eigenen Bewusstsein gewisse Bindungen an Gewohnheiten und anerzogenen Ansichten zu lösen, sie zu lockern und das Bewusstsein freizumachen zum Empfang anderer bisher nicht empfangener Eindrücke. Es gibt daher Worte, die einen Menschen befähigen, sich selbst oder andere Personen sofort in den Schlafzustand oder auch in den Traumzustand (alles Bewusstseinszustände) zu versetzen. Diese beiden genannten Zustände sind niedrigerer Art.

Dagegen gilt der Gebrauch des magischen Wortes in der Hauptsache der Herbeiführung höherer Bewusstseinszustände bei sich, um dadurch großer

Kräfte und Weisheiten teilhaftig zu werden, um vor allem das Leben in seinem ganzen Umfange zu meistern, um Sieger über jede Lebenslage und jeden negativen Gedanken zu werden.

Das magische Wort soll kraft seiner in gewisser Richtung (Polarisation) liegenden Schwingungsenergien Bewusstseinszustände hervorrufen, die geeignet sind, von Bindungen an Materie und von Dingen der Welt zu lösen, um sich so stufenweise dem göttlichen Bewusstsein im Menschen zu nähern, es zu erfassen und schließlich ganz darin aufzugehen durch Finden und Erschließung des Göttlichen Wortes in sich selbst. Das richtig angewandte magische Wort ist also ein Weg zu den Göttern im eigenen Ich, zum Herrn über die Natur der eigenen Seele und über das ganze All.

Das magische Wort in jedem Sinne ist also ein Schlüssel zu den verschiedenen Bewusstseinsstufen, die in jedem Menschen latent schlummernd vorhanden sind, und die darauf warten, durch das geeignete Wort in jedem Menschen erwachen zu können, um ihre Wirksamkeit anzutreten und ihre Macht zu erweisen.

Wie entsteht das magische Wort?

Auch diese Frage muss klargelegt werden, wenn der Leser einen Begriff bekommen will, was denn die Wortmagie nun eigentlich soll und will. Wie ich schon andeutete, gibt es im Menschen eine ganze Anzahl Bewusstsein stufen, die der Mensch, will er Macht über sich und die Schöpfung erlangen, klar wahrnehmen und erkennen muss. Dieses Wahrnehmen geschieht durch Unterscheidung, die erlernt werden kann und durch Sprechen eines Wortes.

Ein Wort, das geeignet ist, den Menschen in eine andere Bewusstseinsstufe zu versetzen, ist ein magisches Wort.

Sieben Bewusstseinswerdungen können sich im Menschen ereignen. Es ist hier nicht der Zweck, die verschiedenen Bewusstseinsstufen zu schildern.

Doch kurz erwähnen möchte ich für den Leser diese Stufen oder „Himmel". - Das niederste Bewusstsein ist dasjenige des körperlichen Verstandes, dass Instinkte, Verstand und Bewegungen auslöst und das im Allgemeinen dauernd wach ist, sofern der Mensch nicht schläft oder träumt.

Das nächste Bewusstsein ist der ätherische Zustand, der dem Ätherkörper des Menschen entspricht und der sich im gewöhnlichen Schlaf auswirkt und durch den Magnetismus, Hypnose, Suggestion möglich sind.

Der dritte Bewusstseinszustand ist astraler Natur, wirkt sich als Traum im lebenden Körper aus und ist identisch mit dem Zustand, der dem Tode unmittelbar folgt in jenem feinstoffligen Körper, den wir „Astral" nennen. Die vierte und letzte der niederen Bewusstwerdenden nennen wir den

Zustand des Triebes, durch den der Mensch sein körperliches Leben erhält,

der ihn zwingt, sich fortzupflanzen und der, richtig angewandt, zwecks Erhebung des Bewusstseins in die wahren ewigen Himmel, in die Zustände geistiger Art transmutiert, d. h. verwandelt werden kann. Die drei höheren Zustände sind geistiger Art: Sie nennen sich Bewusstsein des Geist-Ichs, Bewusstsein des Erkenntnislichtes oder der Wahrheit und Bewusstsein des Göttlichen.

Für die Herbeiführung eines jeden der genannten Bewusstseinszustände bedarf der Mensch eines besonderen magischen Wortes. Nun wäre es sehr einfach, wenn es zu diesem Zwecke sieben allgemeingültige und brauchbare Worte gäbe, durch die der Mensch diese Bewusstseinszustände, vorausgesetzt, dass er die Aussprache und die Handhabung des betreffenden magischen Wortes verstünde, in sich hervorrufen könnte.

Aber die Weisheit der Götter hat dafür gesorgt, dass ihren Namen nicht missbraucht werden können. Und darum muss es an dieser Stelle ausgesprochen werden: Jeder Mensch hat — ganz seiner Individualität und seiner sonstigen Charakteranlagen gemäß — seine eigenen magischen Worte, durch die er sich in die Bewusstseinszustände versetzen kann, durch die er die Himmelsleiter, dem innersten Worte der Götter entgegen, langsam zu ersteigen vermag.

Durch die verschiedenen magischen Worte, die im Inneren des Menschen als sein eigenstes und geheimstes Besitztum verborgen liegen, kann er langsam aufsteigen zum Herrschertum des Geistes, zur unverfälschten Kraft und

Herrlichkeit des Göttlichen in sich, vermag er Stufe, um Stufe zu erklimmen, um so langsam, aber sicher, unter steter Reinigung seines Innenmenschen, seine königliche Herrschaft, die Herrschaft über das Geistige und über die menschliche und weltliche Natur anzutreten.

Es ist ein weiter, beschwerlicher Weg, aber es ist der Mühe und des Schweißes wert, denn „steil und dornig ist der Pfad, der uns zur Vollendung leitet". Jeder einzelne Mensch muss in seinem eigenen Bewusstsein, in seinem eigenen Herzen, im denkenden Gemüt suchen, muss in es hinein lauschen, hinein hören, um seine magischen

Worte zu vernehmen, um diejenigen Laute in sich festzustellen, deren Schwingungen — wenn sie im Worte sich gebären — ihn hinübertragen in die Ebenen der Kraft, der Lauterkeit und Wahrheit.

Wie hört sich solch ein magisches Wort an? Wie sieht es aus?

Man denke nun nicht, dass jedes Wort einen für den Menschen verständlichen Sinn haben muss. Oft sind es nur einige Vokale, die, aneinandergereiht und durch einige Konsonanten verbunden, ein Wort ergeben. Zuweilen klingt das Wort wie ein Name, zuweilen ergibt sich ein klarer Sinn. Notwendig ist letzteres aber nicht.

Die Modernisierung aller unserer Sprachen hat uns immer weiter von der wahren Magie des

Wortes entfernt, unsere Worte klingen nicht aus in Vokalen und auch nicht in

Konsonanten, die in uns weiter zu schwingen vermögen. Unsere magische, götterentfernte

Zeit hat sich Sprachen geschaffen, die ebenso unmodisch und götterentfernt sind und deren Schwingungen negative Wirkungen auf Gemüt, Denken und den Weltenäther haben.

Darum suche ein jeder, dass er es ergreife, dieses erste magische Wort seines Inneren, das ihn führe zur nächsthöheren Stufe seines Bewusstseins. Denn — auch das muss gesagt werden — der Mensch, der die Verwirklichung seiner Kräfte durch die Anwendung des magischen Wortes in sich will, kann immer nur eine einzige Stufe halten, bis er sich in ihr vervollkommnet hat. Erst wenn er vollkommen auf der zweiten Stufe, der ätherischen, geworden ist, kann er daran denken, zur nächsthöheren Bewusstseinsstufe überzugehen. Man

versuche nie, etwa eine hohe Bewusstseinsstufe zu erreichen, wenn untere Bewusstseinsstufen noch nicht erlebt sind, sich noch nicht verwirklicht haben.

Denn das magische Wort der nächsten Stufe des Bewusstseins wird erst im Inneren vernommen werden können, wenn die nächstniedere Stufe

im eigenen Ich sich vollkommen im Menschen verwirklicht hat. Es wäre eine vergebliche Mühe, es dennoch zu wollen, eine Sisyphusarbeit ohne Ende. —

Ein solches magisches Wort könnte zum Beispiel sich beim nach innen lauschen, das als Voraussetzung für Erlangung des Wortes besteht, anhören a — i — o. Lauscht der Mensch nun des Öfteren diesen Vokalen, diesen in seinem Inneren tönenden Lauten, dann vernimmt er mit der Zeit auch die verbindenden Konsonanten, etwa: Läsion. Auf diese Weise könnte das Wort des Inneren im Menschen entstehen, so könnte es sich anhören, so vermöchte es vielleicht auszusehen.

Die nächste Frage, die dem Leser auftauchen wird, lautet:

Wie erlange ich die Fähigkeit des Vernehmens meines magischen Worts? Welchen Weg muss ich beschreiten zu diesem Zweck?

Ich möchte dem Leser zunächst einmal die Voraussetzungen zu diesem

Ziele angeben, um dann die Beantwortung obiger Fragen klar vornehmen zu können. Die erste Bedingung, die derjenige vornehmen muss, der sich der

Magie und damit den inneren Kräften seines Seins widmen will, ist die hohe Kunst der Entspannung.

Es gibt kaum etwas, was so sehr geübt und gekonnt werden muss, wie diese Entspannung. Und zwar muss sie möglich sein sowohl in Bezug auf die Seele als auch auf den Körper.

Diese beiden Arten müssen geübt und immer wieder geübt werden. Denn wie soll eine Kraft von mir, von meinem Hirn, von meinem Körper ausgehen, wenn ich meine Glieder anstrenge, wenn ich sie angespannt halte, wenn ich meine Kräfte durch diese Spannung verbrauche, statt sie freizumachen.

Denn wer innere Kräfte wecken und frei machen will, der muss die Fähigkeit haben, die Außenkräfte still zu legen. Es geht hierbei

wie mit der Umschaltung einer Fabrikanlage bzw. ihrer Maschinen auf einen anderen Motor

oder auf einen anderen Antrieb. Will ich eine Anlage statt mit einem Gasmotor mit einem Elektromotor treiben lassen, dann muss ich den Gasmotor stilllegen. Denn sonst kann der Elektromotor nicht in volle Wirksamkeit treten. So auch der Körper und die Seele des Menschen, wenn er von den nach außen wirkenden Kräften auf die Innenkräfte umschalten will. Dann müssen der Körper und die niedere Seele (Astral und Trieb) stillgelegt werden. Wer also Entspannung üben will, der beginne ernstlich und übe täglich.

Ich gebe hier für den Leser einige Entspannungsübungen an, damit er sich einen Begriff davon machen kann, wie solche aussehen.

Erste Übung: Lege dich auf ein Sofa oder Ruhebett, beginne den Körper auf seine Entspannung hin zu kontrollieren Fange mit den Füßen an, kontrolliere dann die Waden, die Oberschenkel auf ihre Entspannung hin. Dann gehe weiter, prüfe den Rücken, die Bauchmuskeln, den Brustkorb, den Hals, das

Genick, den Kopf, das Gesicht. Du musst schließlich jedes körperliche Gefühl verlieren. Die Entspannung muss so groß sein, dass der Körper erst ganz schwer und schließlich nicht mehr wahrgenommen wird. Die Übung ist immer einzuleiten mit einigen gewöhnlichen Tiefatmungen, jedoch sollte deren Zahl auf höchstens fünf beschränkt bleiben.

Zweite Übung: Setze dich auf einen bequemen Stuhl, an dessen Lehne du

dich anlehnen kannst du, entspanne dich in der vorher angegebenen Weise und kontrolliere den Körper auch in seinen Einzelteilen auf seine vollkommene Lockerung hin. Zuweilen, etwa

2−3 Minuten nimm eine Tiefatmung vor, sonst aber lasse es bei den gewöhnlichen Atemzügen. Die Entspannung sollte mindestens eine halbe Stunde dauern.

Dritte Übung: Setze dich auf einen Sitz, der ohne Lehne ist. Setze dich so aufrecht, dass dein Rückgrat eine senkrechte, möglichst vom Hals bis zum untersten Wirbel gerade Linie bildet. Nur dann kann nämlich der Körper so entspannt werden, dass alle Muskeln schlaff gehalten werden. Auch bei dieser Übung nimm die Kontrolle der Einzelglieder deines Körpers vor. Zeitweilige Tiefatmungen sind angebracht. Die Entspannung soll so vollkommen sein, dass ein körperliches Gefühl nicht mehr besteht. Wenn durch diese oder ähnliche Übungen die Möglichkeit der Körperentspannung gegeben ist, so möge man dazu übergehen, die zunächst liegende Voraussetzung zum Erlauschen seines eigenen magischen Wortes zu schaffen. Diese Voraussetzung nennt sich *Ruhe, Stille, Schweigen.*

Wird schon durch die Entspannung eine gewisse körperliche und auch seelische Ruhe geschaffen, so ist die bewusste Herbeiführung von absoluter Ruhe durch Stille sein und Schweigen eine unbedingt notwendige

Voraussetzung für den, der durch sein inneres Wort magische und höchste Kräfte erhalten will. Dieses Stille sein ist die Vorbereitung für alle Dinge, die göttlicher Natur sind. Sie ist die Vorbedingung für alle anderen Bewusstseinszustände. Darum schweige! Lerne es!

Im täglichen, wörterreichen Leben, wenn alles um dich schwirrt in Lauten und Schreien, da lerne du schweigen und stille sein! Wenn man dich beleidigt, dir wehe tut, dann antworte nicht, sondern sei still und schweige! Lass alles schweigend über dich ergehen. Bedenke, dass alles Laute und sich dauernd Verändernde nur bestrebt ist, dich mitzureißen, dich auch dauernd zu verändern, dein Gemüt von einer Stimmung in die andere zu reißen. Wer das magische Wort in sich erlangen will, der muss lernen, sich und sein Gemüt unveränderlich zu halten im Schweigen und in der Stille.

Wenn du es vermagst, gehe viel in das Schweigen der Natur, des Waldes, des Feldes, oder auch deines Zimmers. Dort merkst du, dass du nach vorheriger — durch Übungen bereits angewöhnter — Entspannung deines Körpers, das Schweigen können und Stille sein als eine Wohltat, später aber wie du eine Seligkeit empfindest.

Wenn du dich so an das Schweigen gewöhnt hast, dass es dir auch im täglichen Leben, im Geschwirr der Großstadt zur wirklichen Natur geworden ist, dann kannst du dazu übergehen, dieses Schweigen in besonderen Übungen zu pflegen. Welcher Art diese Übungen sind, wirst du am besten selbst ausfindig machen.

Am besten setzest du dich in der vorher beschriebenen Weise ganz entspannt hin, atmest einige Male und sprichst dann leise und eindringlich in dich hinein: „Stille — — — Stille — — — Schweigen." Diese Worte wiederholst du jedes Mal dann, wenn du merkst, dass du mit deinen Gedanken abgewandelt bist, dass du nicht mehr den Worten „Stille und Schweigen" innerlich gefolgt bist. Schon den Worten „Stille — Schweigen" innerlich zu folgen, bedeutet den Anfang einer Magie des Wortes. Denn durch dieses Wortsprechen, durch das langsame Aussprechen der Töne, Vokale, Silben gerät die Seele in Schwingungen, die in das Innerste des Menschen, in sein innerstes Herz gerichtet sind. Ein solches Wort kann „Richter" sein, ein Richter, der Richtung gibt.

Aus diesen Übungen der Stille und des Schweigens tritt als klares Ergebnis eine stetig zunehmende Ruhe zutage, die denjenigen, der an diese

Angelegenheit mit Mut und Freudigkeit herantritt, mit Glückseligkeit und Kraftbewusstsein erfüllt, so dass er auch fähig wird, die anderen

Voraussetzungen, die zum Erhalt des magischen Wortes notwendig sind, zu erfüllen. Denn die nächste dieser Bedingungen ist die Fähigkeit der Konzentration.

Das Wort Konzentration ist eines der am meisten missbrauchten Wörter unserer modernen und überhasteten Zeit. Man nennt heute einen Menschen konzentriert, der es fertigbringt, mit Energie sein Geschäft zu betreiben, und der demgemäß Erfolg hat. Diese Art der Konzentration bringt einen ungeheuren Kräfteverbrauch mit sich, sie bedeutet eine Zerstreuung der Kräfte im Menschen nach außen, sie verzehrt alle Kräfte zugunsten eines äußeren Dinges. Die wirkliche Konzentration dagegen verringert den Verbrauch der Kräfte in großer und wahrnehmbarer Form. Denn Konzentration ist das Sammeln der Kräfte zu einer einzigen Kraft.

Es bedeutet das auf einen Punkt gerichtet sein alles Bewusstseins und alles Denkens. Während sonst im Leben alle Gedanken im Inneren des Menschen auf- und ab Klimmen wie kletternde Affen, während diese Gedanken beunruhigender Art sind, die wie

Kohlensäurebläschen in einem Glas Sprudelwasser dauernd neu aufsteigen und das denkende

Gemüt immerwährend verändern, bleibt das Gemüt des Menschen im Zustande der

Konzentration vollkommen unbewegt. Konzentration bedeutet die Herbeiführung einer Gedankenstarre, die nur einen einzigen Gedanken festhält und nicht loslässt. Das ist zwar auch in gewisser Beziehung ein Kräfteverbrauch, jedoch nur so lange, als der Mensch diese Übung zur Herbeiführung einer Gedankenstarre nicht besitzt.

Sobald er Übung darin hat, vermag der Mensch Ungeheureres zu leisten durch Anwendung einer solchen Sammlung der Kräfte auf einen Punkt, auf die Kraft. Derjenige, der das magische Wort seines eigenen Seins ergründen will, wird also, um den Zustand der Konzentration zu erlangen, Entspannung des Körpers — wie vorher beschrieben — vornehmen, er muss in die Stille und in das Schweigen gehen und solchermaßen vollkommene innere Ruhe in sich wahrnehmen. Dann kann er daran gehen, alle seine Gedanken auf einen Punkt zu richten, auf den

Punkt des richtigen Vernehmens der inneren Stimme, die sich in solchen stillen Zuständen und Stunden wahrnehmbar macht. Dieses nach innen hören, dieses Lauschen auf die Stimme des eigenen in Stille und Schweigen sich meldenden wahren Ichs bringt wieder einen anderen Zustand des Bewusstseins mit sich. Ich weiß, dass der Leser sagen wird, dass es leicht gesagt ist, man müsse dieses oder jenes, wie hier beschrieben, tun.

Aber, lieber Leser, erwecke einmal diese Fähigkeiten in dir, gehe in die Stille und das Schweigen in dir nach vorheriger Entspannung deines Körpers! Du wirst eine köstliche Ruhe in dir vernehmen, und es wird über dich kommen wie ein sanftes Licht, das unsagbar wohltut und dir das Innen deines eigenen Lebens so recht klar werden lässt.

Du wirst dich mehr und mehr erkennen und deine eigene Lebensführung wunderbar plastisch erschauen. Selbst wenn dir nicht das magische Wort käme, dessen du zur Weiterentwicklung, dem göttlichen Worte in dir selbst entgegen brauchtest, so wäre es schon der Mühe und des Schweißes wert, wenn du nur diese n kostbaren Zustand der Ruhe und der inneren Stille, des wunderbaren wohltuenden Lichtes erreichen könntest. — Der Leser aber lasse sich nicht irre machen durch eventuelle anfängliche Misserfolge. Er wird mit Beharrlichkeit bestimmt und sicher zum Ziele gelangen, zum Ziele des magischen Wortes, zum Ziele des Wortes seines geistigen Anfangs, zur Machtentfaltung göttlicher Kraft und Herrlichkeit. Nur Ausdauer und Nichtloslassen vom Blick auf das herrliche Ziel bringt den Erfolg.

Um dem Leser einen kleinen Begriff von der Art der Konzentration zu geben, deren er bedarf, um das gesteckte Ziel zu erreichen, möge er nach herbeigeführter Entspannung und erhaltener Stille und Ruhe sowie nach Anwendung einiger einfacher Tiefatmungen (höchstens fünf Tiefatemzüge) in sein eigenes Innere leise und eindringlich sprechen:

„Durchbruch — — — Durchbruch — — — Abgeschiedenheit."

Schon diese Worte bezeichnen die nächste und letzte Voraussetzung, die zum Hören und Vernehmen des eigenen magischen Wortes aus dem eigensten Herzensdenken der Götter in uns notwendig ist, den Durchbruch zur Abgeschiedenheit und Leere.

Bei nicht endender und beharrlicher Konzentration, bei unentwegter Sammlung aller Kräfte im eigenen Ich zur Kraft, tritt dieses Durchbrechen in die vollkommene Abgeschiedenheit und in die absolute Leere ein. Denn wo sich etwas einfüllen soll, muss Platz sein! Wo etwas so Wichtiges und Großes empfangen werden soll, wie das Wort der Lösung und Erlösung, das Wort, das mich zum Herren über Zustände und Bewusstseinsebenen macht, das mich den „Herrn", das eigene Gesetz in meinem Inneren, das Wort der Stille, das Wort der Kraft und Wunder, vernehmen lässt, das mich füllen soll mit seinen Schwingungen und seinen hervorquellenden Kräften, da muss Raum sein, da muss der Tempel, der Körper des Menschen leer werden. Leer von allem Wunsch, leer von aller Lust zum Wünschen, leer von allem, was mich befestigen will an niedere Dinge der Materie. Durch beharrliche

Konzentration auf dieses Ziel ereignet sich dieser Durchbruch in das andere Bewusstsein, in das Sein, das höher als die gewöhnlichen Sinne ist, das gewaltiger wirkt als alle Wünsche und Dinge der Lust.

Dieser Durchbruch beraubt den Menschen des eigenen willens mäßigen Denkens und gibt ihm ein Gefühl der vollkommenen Leere des Verstandes. In Wirklichkeit schreitet das Denken weiter auf anderer Ebene, im tiefsten Gemüt, ohne das Gehirn anzuregen. Das Denken, das auf einen Punkt gerichtet war, bricht in Wahrheit durch in die Leere, in die Absolutheit hinein. So erlebt der Mensch ein Nichtmehrdenken, eine Verstandesleere. Sie mag zuerst vielleicht erschreckend sein. Doch man lasse sich nicht irre machen. Wo das eigene Ich, das kleine Selbst versagt, da setzt das andere, wahre Ich ein, das Göttliche, Unbewegte und doch Gewaltigste. Ist so die Leere entstanden, ist so der Übende in den Zustand des Durchbrechens in seine wahre, göttliche Natur gelangt und lässt er sich nicht irre machen durch Angst oder Zweifel, dann meldet sich aus dieser absoluten Leere, aus dieser reinen, klaren Abgeschiedenheit das

Magische Wort seines eigenen Ichs. Dann vernimmt der Übende das Wort aus sich selbst, dann hört er wie ein feines, leises Sprechen dasjenige, was ihn immer in jenen Zustand zu versetzen vermag, aus dem er sich alles Erkennen und alle Weisheit holen, aus dem er alle Klarheit für sein Handeln und Tun schöpft.

Hat der Mensch nun dieses herrliche Wort seiner eigenen Kräfte, das alles in ihm zu lösen vermag, vernommen und sich eingeprägt — er kann es immer wieder vernehmen —, dann entsteht für ihn die Frage:

Wie wende ich mein magisches Wort an und wie wirkt es?

Wie mache ich richtigen Gebrauch von meinem Wort? Wohlverstanden, es könnte

Missbrauch getrieben werden — allerdings zum großen Schaden desjenigen, der es tut. Diese Frage ist sehr wichtig, und deswegen muss sie hier einer ausreichenden Erörterung unterzogen werden.

Fast jedes Wort, das wir gebrauchen, hat in gewissem Sinne insofern eine magische Wirkung, als es zur Verwirklichung seiner eigenen Bedeutung drängt. Wie viel mehr das eigentliche magische Wort, das aus dem Innersten meines Selbst es stammt und das der Schlüssel zu meinen Tiefen und

Höhen, zu meinen Erkenntnissen und meinen Kräften ist! Hier gilt aber:

Seid Täter des Wortes und nicht Hörer allein!

Das soll bedeuten: Seid Vollbringer und Verwirklicher des Wortes, das aus den Tiefen eurer Seele gequollen ist. Es ist nicht notwendig, dass ihr euer

Wort nur kennt, dass ihr es wisst, sondern ihr müsst es auch richtig anzuwenden verstehen, richtig zu gebrauchen wissen! Zuerst muss daher die Frage erörtert werden: „Wie wirkt ein magisches Wort?" Um dies dem Leser einigermaßen zu erklären, muss ich etwas weit ausholen. Alles, was wir sehen, fühlen, schmecken, riechen und hören können, gehört der

Schöpfung an. Einer Schöpfung, die sich in verschiedener Dichtigkeit manifestiert. Alles, was wir mit unseren Sinnen wahrnehmen können, besteht aus mehr oder weniger grobem Stoff, dessen Grundlage die Elemente sind. Diese Elemente aber, das wissen wir heute, lassen sich zertrümmern zu Molekülen, weiter teilen zu Atomen und noch weiter zertrümmern zu Elektronen. Aber auch die Elektronen sind nicht das letzte, wir wissen heute, dass auch sie teilbar bzw. zertrümmerbar sind und dass das ganze Weltall letzten Endes aus allerfeinstem, schwingendem Feinstoff besteht.

Wir nennen diesen Feinstoff den Weltenäther, der seiner Natur nach elektrisch ist, Licht birgt und ungeheuer, gefährliche Kraftstrahlungen sein Eigen nennt. Alles, was besteht, auch der Mensch in seiner Körperlichkeit, besteht aus diesen schwingenden

Feinstoffen, diesen Kraftstrahlen. Wir und jede Kreatur, so wie sie sich unserem Auge bietet, sind der Substanz nach geronnener Elektrizität, geronnener Feinstoff.

Alles, was wir nicht mehr sehen, was sich unserem Auge entzieht, ist aber in derartig starker Schwingung und solch ungeheurer Rotation, dass, wenn ein Lebewesen in diese Strahlungen geriete — wie sie tatsächlich den Weltenraum in gewaltigen Mengen durchströmen — es sich sofort auflösen würde in die gleiche Substanz, von der es durchstrahlt würde. Dieser Feinstoff, aus dem alles besteht, steht allein dem Geistigen zur Verfügung. Ursprünglich ist der Feinstoff ruhend, der Yoga nennt ihn dann Akascha oder Weltsamen, der

Geist aber, das Ruhende, Seiende, Unbewegliche, das Kraftzentrum, das selbst Absolutheit und Ruhe ist, wirkt als der Eckstein, als die Ursache, die dem Feinstoff in ungeheure schnelle Wirbel versetzt. Einen solchen mit Energie geladenen Feinstoff nennt der Yoga Prana, die moderne Wissenschaft bezeichnet ihn als Licht tragenden Äther. Alles, alles, was Stoff ist, muss sich in diesen Feinstoff auflösen, wenn es mit ihm in Verbindung gerät. Alle Körper strahlen diesen Feinstoff aus, auch der Körper des Menschen. Als Magnetismus wird er Feinsichtigen erkennbar.

Alle Körper bestehen letzten Endes aus ihm, werden aus ihm und gehen wieder in ihn ein. Die Lufthülle unserer Erde ist der Schutz, der uns von der furchtbaren Wirksamkeit dieses Äthers bewahrt. Alle gedankliche Tätigkeit im Menschen geschieht durch unbewussten Gebrauch dieses Feinstoffs. Denn wir haben in uns ein Etwas, das fähig ist, diese Feinstoffe, die uns dauernd durchfließen, abzustoßen oder anzuziehen bzw. mitzureißen.

Dieses Mitreißen oder Abstoßen aber bewirkt in uns Vorstellungen oder Gedanken.

Oder auch: Wenn wir denken, dann stoßen wir den uns durchströmenden Feinstoff ab, oder wir ziehen ihn in uns zusammen, ballen ihn zu einer Form oder Vorstellung und stoßen ihn hinaus in den Äther.

So schafft diese Art der Tätigkeit unseres ätherischen (magnetischen bzw. astralen) Menschen dauernd Wellen im All, die Ursachen darstellen. Die Wellen arbeiten im Äther fort, bis sie ihre Wirkung ausgeübt haben, bis sie sich verlaufen und beruhigen können. Jeder Gedanke des Menschen schafft so eine kleine Ätherwelle.

Ist dieser Gedanke aber besonders konzentriert und stark, so schafft er ebenso starke Wellen und Ursachen und ebenso starke und wahrnehmbare Wirkungen, Daraus mag der Leser schließen, wie groß die Verantwortung für alle unsere Taten, Gedanken und Worte sind. Alle

Weltenkörper und alle lebenden Körper, so auch die des Menschen, strahlen aber auch diesen Feinstoff in großen Mengen aus. Diese Ausstrahlungen wirken als

Sender, aber auch ebenso als Empfänger, als mimosenhafte Membranen, die die im All, im Äther geschaffenen Eindrücken wiedergeben, sie aufnehmen und so gelegte Ursachen als Wirkungen empfangen.

Das gesprochene, durch Konzentration und Durchbruch bis zur Leere erschaffene magische Wort erregt im Äther des Alls eine riesenhafte Welle, und der sie empfängt — das kann der Übende oder ein anderer sein — erhält sie als riesenhafte Wirkung. Wehe dem, der Missbrauch mit dem magischen Wort triebe!

Es würde ihn furchtbar treffen, ihn zermalmen unter der Wirkung, deren Ursache er selbst gelegt. Denn auch das Gesetz des Karmas, das Gesetz von der Erhaltung der Energie, bzw. von Ursache und Wirkung, spielt beim Gebrauch des magischen Worts eine große Rolle. Wer das magische Wort erreichen und erhalten möchte zur Hervorrufung materieller Vorteile, der versuche es nie, es zu erhalten.

Es wäre ihm besser, er hinge sich einen Mühlstein an den Hals und ertränke dort im Meer, wo es am tiefsten ist. Nur derjenige wird das magische Wort wahrhaft gebrauchen können für sich und andere, der das Gute will, so wie die Götter es sich wünschen.

Wir wissen also, dass wir Verantwortung tragen für jedes Wort, vor allem aber für den Gebrauch unseres magischen Wortes, das geeignet ist, hohe Bewusstseinsstufen zu erlangen, und durch das wir Segen über Segen uns selbst und unseren Mitmenschen zu bringen vermögen.

Denn die Wirkung des magischen Wortes ist eine große Ätherwelle, die der Sprecher selbst, aber auch alle diejenigen erhalten, die sich zum Empfang eines solchen Wortes bereit machen. Darunter können Kranke in Not Geratene, Leidende, Schwache, Sterbende und Einsame verstanden werden.

Warum aber brauche ich die Verwirklichung des magischen Wortes?

Wie ich schon sagte, gelange ich durch den richtigen Gebrauch des magischen Wortes, das ich aus meinem Inneren selbst vernahm, in einen Bewusstseinszustand, der über dem normalen Zustand liegt, der also eine höhere Ebene darstellt. In diesem Zustand kann ich nun, für mich sowohl als auch für andere, Dinge aussprechen, die sich sofort verwirklichen, sich sofort in die Tat umsetzen.

Durch die im Äther erregte Welle werden Wellen in mir und denjenigen Personen, die Wirkungen dieser Welle empfangen wollen oder sollen, erschaffen, die das Gewollte in die Erscheinung treten lassen. Das bedeutet dann die Verwirklichung des magischen Wortes in Handlung, Tat oder Ereignis.

Soll aber diese Kraft des magischen Wortes segensreich in ihrer Wirkung und rein und unmittelbar aus Gott geschehen, so muss noch eine andere Bedingung erfüllt werden, die grundlegend für den richtigen Gebrauch des magischen Wortes ist. Es ist die dauernde Übung in reiner, unverfälschter Wahrheit.

Die Wahrheit ist die größte Macht. Sie ist das Kristallene, Durchsichtige, Unverfälschte. Und nur das Unverfälschte ist wirklich, kann sich verwirklichen, kann Wirkung haben.

Es muss das Göttliche sich verwirklichen, das will sagen, das Durchsichtige. Denn die Worte der Götter sind durchsichtig, für diejenigen, die sie hören wollen. Nur die Wahrheit ist fleckenlos, ist durchsichtig, ist farblos. Und nur das kann verwirklicht werden. Nun ist ein Segenswunsch nicht unwahr oder wahr. Aber es kommt darauf an, wer ihn ausspricht: Einer, der gewöhnt ist die absolute Wahrheit zu sprechen oder Einer, dessen Seele Flecken aufweist, der verfälscht und unklar ist.

Wie soll ein Segen wirklich werden, wenn derjenige, der die Segenswelle in

Bewegung setzt, unwahr ist, unklar und nicht rein sein kann, der also Wellen des

Segens aber auch gleichzeitig der Unwahrheit aussendet? Der Empfänger, mag der

Sprechende es nun selbst sein oder ein anderer, wird immer etwas von der

Unwahrheit mitbekommen, die in dem Segensspruch durch die vorher ausgegebene Ursache enthalten ist.

Ist dagegen der Mensch durch dauernde Übung so fein, so wahr geworden, dass seine Seele wie ein durchsichtiges Kristall ist, dann verwirklicht sich alles, was er ausspricht. Ein Segen muss sich sofort verwirklichen. Denn derjenige, der die Wahrheit immer spricht, kann nur die Wahrheit sagen. Auch wenn er einen Segen ausspricht. Auch wenn er spricht: Stehe auf und wandle! Auch wenn er spricht: Du bist gesund! und auch wenn er spricht: Deine Sünden sind dir vergeben! Die Wahrheit ist die größte Macht der Erde. Der Wahrheitssprecher ist der

Verwirklichter alles dessen, was er will. Die Wahrheit ist das Einzige, was wirklich ist, was besteht, unumstößlich; sie braucht keine Beteuerung, keinen Beweis. Sie besteht in sich. Sie ist die einzige Großmacht der Welt. Alles andere sinkt in sich zu Staub und zu nichts.

Darum sei wahr in allem, was du tust, was du sagst, aber vor allem auch in allem, was du denkst! Hast du diese Wahrheit, dann kannst du getrost daran gehen — vorausgesetzt, dass die anderen vorher beschriebenen Bedingungen erfüllt sind — das magische Wort zu verwenden, zu gebrauchen.

Nun gibt es viele so genannte Mantras oder Wahrsprüche, die alte, uralte magische Worte darstellen, und die der Erfahrene gelegentlich zu handhaben und zu gebrauchen weiß. Ursprünglich war jedes Wort unserer Ursprache ein magisches Wort, jedes hatte außer seiner exoterischen auch noch seine esoterische Bedeutung.

Doch ist durch die nicht erkennende Wandlung der Völker auch die Sprache so gewandelt, dass man erst jedes Wort auf seinen Ursprung zurückführen müsste, wollte man seine magische Bedeutung und seinen Urgrund erkennen. Doch gibt es noch in jeder Sprache eine Anzahl magischer Worte, durch die der Träger bzw. Aussprecher in Verbindung mit magisch schwingenden Ätherwellen kommt, durch die er sich selbst kennzeichnet, durch die sogar sein Karma bildhaft dargestellt wird. Das führt uns auf die Bedeutung und die Magie der verschiedenen Namen.

Durch das magische Aussprechen der Namen vermögen wir Harmonie und Ausgleich zu schaffen, vermögen wir den Einklang des Namensträgers mit seinen ursächlichen Dingen und deren Wirkungen herbeizuführen.

Jeder Mensch hat in seinem Namen ein Stück Schicksal mitbekommen, jeder Mensch trägt in seinem Namen den magischen Kern seines Wesens mit sich, jeder Name ist bestrebt, seine magischen Wirkungen nach außen hin zu manifestieren, genauso, wie es jedes gesprochene magische Wort tut. Um die Bedeutung der Magie eines Namens darzutun, muss ich den Leser bitten, mir in das Gebiet phonetischer Erörterungen zu folgen, die jedoch grundlegend für ein Erkennen des eigenen Karmas jedes Namensträgers sein können.

Jede Sprache besteht aus Vokalen und den sie verbindenden Konsonanten: Eine Verbindung von Lauten und Lippen- oder Zungentönen. Der einfachste Laut, den jedes Kind von sich gibt, sobald es außer dem Schrei anfängt sich bemerkbar zu machen, ist der Vokal „A". Der Vokal „A" ist darum das Ursprünglichste im Menschen, ist Ausdruck des Lebens an sich, der bezeugt, dass Geist, Leben, Licht vorhanden.

Darum ist in den Ursprachen alles, was mit den Göttern oder dem Begriff des reinen Durchsichtigen verbunden ist, durch diesen Vokal zum Ausdruck gekommen. So z. B. Brahman = Gottheit, Atman = Gott oder Herrgott (Sanskrit), oder auch in den modernen Sprachen, z. B. im deutschen: klar, wahr, Vater, Aar, nah, da usw. A bezeichnet also eigentlich alles, was göttlich, geistig, farblos ist (z. B. Wasser).

Sobald eine Verdichtung von Geist zum Seelischen, also zum Feinstoff begrifflich stattfindet, verdichtet sich auch der Laut zum Vokal „O". Dieser Laut ist eigentlich nur ein verdichtetes „A". Um „O" auszusprechen, muss die Mundhöhle enger gemacht, also auch verdichtet werden.

Während bei „A" alles ins All hinein offen fließt, geschieht dies bei „O" nur in beschränkter Form. Vollendete Verdichtung zur Materie bezeichnet der Vokal „U". Mundstellung und phonetische Empfindung bezeichnen dies. Während das Kind, sobald es sich seines Daseins als Einzelwesen bewusstwird, dazu übergeht, auch den Vokal „O" zu sprechen, wird es erst den Laut „U" zum Ausdruck bringen, wenn es bewusstes fleischliches Begehren zeigt. Der Vokal „I" bezeichnet alles, was „innen" ist, was in der Tiefe des eignen Bewusstseins ruht und sich dort ausdrücken will. Wenn etwas in der Tiefe des eigenen Bewusstseins empfunden wird, sich meldet, so wird das in den Menschen hinein gesprochen durch den Vokal „I". Sprechen wir zum Beispiel die Worte „in mir", so empfinden wir dies, wenn wir es mit Andacht und Beobachtung sprechen, im tiefsten Ichbewusstsein als etwas Schönes, Wahres, Wirkliches. Alles, was „innen" ist, drückt sich aus durch diesen Vokal „I". So zum Beispiel: in, mir, ich, ihn, ich bin, Liebe, Trieb, Wille, oder in der koptischen Isis == ich bin, im Hebräischen Isay = ich bin usw.

Alles, was wir nicht in uns hineinziehen können, nicht in uns selbst, als nicht zu unserem innersten Ich gehörend empfinden, also aus uns herausgeben müssen, es nicht zu besitzen, nur wahrzunehmen vermögen, wird durch den Vokal „E" zum Ausdruck gebracht. „E" ist gewissermaßen das nach außen fließende, in die Breite gezogene „I". So zum Beispiel;

Erde (deren Eigenschaft noch als unserem Inneren zugehörig betrachtet wird und darum „irdisch" heißt, wogegen die Substanz selbst außer unserem Fassungsbereich liegt), werden, legen (während liegen, die Folge des Legens, bereits als zu uns gehörig empfunden wird) usw.

Wir sehen an den angeführten Beispielen, dass unsere deutsche Sprache immer noch reich an bedeutungsvollen magischen Worten ist im Gegensatz zu den gemischten und verbildeten Sprachen anderer Völker, deren Klangreinheit bastardieret ist, die korrupt und — wie ihr eigenes Blut — vollkommen gemischt und unmodisch, unklar und unwahr geworden ist.

Wir sehen an den angeführten Beispielen, dass die Sprache reich an bedeutungsvollen magischen Worten ist.

Jeder Vokal hat nun gewisse Schwingungen, die im Menschen sowohl als auch im ganzen All, vor allem im energiegeladenen Äther ganz bestimmte Schwingungen und Wellen verursachen, deren Wirkungen sich im karmischen Gesetz zum Ausdruck bringen. Jeder Mensch ist diesem phonetischen Gesetz unterworfen durch seinen Namen, den er durch seine Eltern, jedoch als Auswirkung des Gesetzes von Ursache und Wirkung, des Gesetzes von Kräfteausgleich oder auch der Erhaltung der Energie erhalten hat.

Des Menschen Namen ist ein Bild seiner Geschehnisse, die sich in seinem

Leben ereignen. Sein Name ist eine genaue Zeichnung, eine

Kurvenwiedergabe der Wechselfälle seines früheren Daseins. Aus ihm

ich vermag der geübte Wortmagier das gegenwärtige Leben herauszulesen. Des Menschen Name ist das Bild seines Charakters, seiner Fähigkeiten, der Möglichkeiten seiner äußeren Entwicklung.

Die innere Entwicklung des Menschen hängt dagegen nur beschränkt mit diesem Namen des Menschen zusammen. Nur linienhaft gibt der Name des Menschen die Richtung an, in der er sich seiner Eigenart gemäß, innerlich, seelisch und geistig entwickeln kann. Wenn der Mensch ernstlich daran geht, sich seinem geistigen Werden zu weihen, wenn er ernstlich sich mit der Bildung des magischen Wortes in ihm selbst, mit dem nach innen hören befasst, so kann sein gegenwärtiger Name ein Hindernis zu diesem Ziele nicht bilden. Denn das Befassen mit diesen magischen, geistig hochstehenden Dingen bringt alle anderen noch in Bewegung befindlichen Ätherwellen zum Stillstand. Das ist ein alter Yogaspruch, der voller Wahrheit ist. Im christlichen Glauben wird das ausgedrückt in den Worten: Wer sein Leben verlieret um meinetwillen, der wird es erhalten.

Wer seine innere Entwicklung so fördert, dass seine Seele und sein Leib ein

Behälter des Geistes werden kann, wer sich selbst zum wahren Tempel des

Göttlichen gestaltet durch die vorher beschriebene Innenarbeit und

Kraftentfaltung, der erhält seinen Bewusstseinsstufen gemäß einem neuen Namen schon in diesem Leben, der hört ihn, der wandelt ihn. Er wandelt selbst so auf dieser Erde, dass diejenigen, die mit ihm zusammenkommen, ihm von selbst, ohne sein Zutun, diesen neuen Namen geben. Es ist dann ein höherer Name, ein höheres Wort, voller Magie und Reinheit, voller Geist und Kraft, das seinem neuen, wiedergeborenen Zustande gerecht wird.

Sein neues Karma, das nach ewiger Harmonie und immerwährendem Ausgleich strebende Gesetz der Energie-Erhaltung sorgt für diesen neuen Namen, die dem Strebenden neue Wellen im Äther, harmonisierende Kräfte schöpferisch neugestaltet. So wird der neue Name die Quelle des Ausgleichs von disharmonischen Tönen, die etwa noch vorhanden wären aus früheren Daseinsformen.

Deutung und Bedeutung eines Namens.

Wer meinen Ausführungen über die Bedeutung der Vokale im Worte gefolgt ist, dem wird es nunmehr nicht sehr schwerfallen, einen Namen zu deuten,

bzw. die Bedeutung des Namens für seinen Träger zu erkennen. Allerdings gehören hierzu manchmal allerlei Kenntnisse von Sprachen, um einen

Namen auf seinen Ursprung und seine Bedeutung zurückführen zu können, denn vieles in unseren Namen ist verbildet, manchmal auch nur verborgen, und es gehört die Vertiefung und das ganze Erfassen des magischen Wortes hierzu, um dies zu ergründen. Um dem Leser ein Bild von der Deutung und Bedeutung eines Namens zu geben, gebe ich hiermit einige Beispiele.

Der Name Maria stammt aus dem Sanskrit (die hebräische bzw. griechische Form ist eine übernommene). Er heißt eigentlich Ma-Raja. Ma = groß, Raja = das Strahlende. Also genau übersetzt würde es heißes Großes, Strahlendes, der Bedeutung nach aber heißt es „Göttliche Weisheit". Das M des Ma deutet ein Auferstehen aus dem Nichts in das Seiende (das aber nur, wenn es am Anfang eines Wortes steht; steht es am Ende eines Wortes, so bedeutet, es das Versinken in das Nichts der Wahrheit, in das Gotthafte). Der angeschlossene Vokal „A" bedeutet das Erheben aus dem Usein, dem

Nichts in das Göttlich sein, in die erste Urmanifestation des Göttlichen.

Dieses M-A- will also sagen: Eine gewaltige Erhebung, ein Ungeheures, nie Erlebtes, das Machtvolle. Das R des Rajas will sagen: dass aus dem Unergründlichen Rollende, Wellende, Fließende hinein in das A, die erste göttliche Manifestation, die das Licht an sich bedeutet. Ra — Sonne um Mitternacht, im koptischen Sinnbild des Lichts an sich, ohne Schein, ohne Spiegelung. Damit dieser Ra — dieses unsichtbare Licht aber sichtbar werden, damit es sich zur Offenbarung bringen kann, wird es in das Innere des Menschen gebracht, hineinversenkt durch das gezischte „I" = „J".

Dieses Unsichtbare, Lichtvolle, dieses Herrliche, Machtvolle, diese große Sonne spiegelt sich durch Hineinsenken im innersten Herzen des Menschen wider, in seiner Seele, in seinem Bewusstsein des Göttlichen, und nun, da es sich im Inneren, im Bewusstsein des Menschen geborgen weiß, da es versenkt ist in das Geheimnis des göttlichen Spiegels im Menschenherzen, da offenbart es seine ganze göttliche Herrlichkeit durch das in das Herz fließende, den Menschen ganz erfüllende „A". R-A-J---A! Die Götter selbst wohnen im Herzen, im Inneren, hineingesenkt durch das „J". Geht es uns heutigen Menschen nicht auch so, dass, wenn wir etwas besonders Prächtiges wahrnehmen, wir unsere Verwunderung und unsere Seligkeit durch ein allgemeines „Aach" Ausdruck geben? (Zum Beispiel bei einem prächtigen Feuerwerk?) So ist aus den Urlaubten des Menschen die Bedeutung des höchsten

Göttlichen, der Urmutter, der göttlichen Weisheit im Menschen entstanden. Ma-Raja oder Maria, die Urmutter, die Was-ist-ha-it. (Das göttliche

Wissen aus dem göttlichen Sein hinaus gehaucht als göttliches Wort in das Innere eines anderen.) Tatsächlich, wer Augen hat zu sehen und Ohren zu

hören, der erlebt im Wort Wunder über Wunder, Erkenntnis über Erkenntnis, Erleuchtung ohne Maße.

Ich will nun nicht die folgenden Worte so analysieren, wie ich es mit dem

Worte Maria tat. Nur die Bedeutung will ich kurz angeben, damit auch der

Leser lernt, sich der Wichtigkeit des Namens, vor allem der Wichtigkeit jedes Wortes, das aus seinem Munde strömt, bewusst wird. Ich nehme das Wort Luise. Es stammt aus dem Koptischen und setzt sich zusammen aus Lu - I - Sis. Lu bedeutet Licht, I = Ich, Sis = Bin. Das Ganze wäre also „Ich bin Licht".

Die Analysierung möchte ich dem Leser überlassen, da dieses Wort nach dem vorher Gesagten leicht zu deuten ist. — Der Name Heinrich lautet altdeutsch Hain - reich, lässt sich aber zurückführen auf das Sanskritwort

„Ana-Raja". Das bedeutet Ana = Einheit, Raja == Strahlendes. Dem Sinne nach „Einheit der Weisheit", oder „Einheit des Reichtums", oder auch „Einheit des Reichs". Umsonst hieß also der Einende des Deutschen Reichs, der sächsische König Heinrich der Erste, nicht so. Das hatte feste, gesetzmäßige (karmische) Bedeutung. Die Analysierung will ich an dieser Stelle nicht vornehmen, das würde zu weit führen.

Doch muss ich noch einige Worte für den Leser erklären, die für ihn von grundlegender

Bedeutung sein können, da diese Namen und Worte während seiner Praxis zur richtigen Anwendung des magischen Wortes immer wiederkehren können. Es sind dies die Namen, die im Lauf der Zeiten und Gezeiten immer dieselben bleiben und geblieben sind: die geheiligten Namen, die der Gottheit gegeben werden und wurden.

Die Namen der Götter.

Lao-Tse, der große chinesische Eingeweihte gibt seinem Nichtgenannten,

dem Unendlichen, Unergründlichen und doch Wahrnehmbaren einen Namen durch ein aus ihm, aus seinem Höhen-Ich gesprochenes Wort. Er sagt: „Ich weiß nicht, was es ist. Ich nenne es „Tao"!

Damit drückt der machtvolle Meister aus, was Generationen vor und Generationen nach ihm zum Ausdruck gebracht haben. Im Yoga-Katechismus des Patanjali heißt es:

„Ishwara ist der Unterweiser von allen, selbst den frühesten erschaffenen Wesen, denn Er wird nicht durch die Zeit begrenzt. (Ishwara == Innengottheit) Sein Name ist Aoum!

Durch beide Worte, Tao (sprich Taou!) und Aoum, wird das Wesen des Göttlichen im Menschen vollendet zum Ausdruck gebracht. Das „A" bezeichnet das göttlich-klare Wesen an sich, das reine Unverfälschte, in ewiger Reinheit und Klarheit thronend. Wenn es sich der Seele des

Menschen zuneigt, sich in ihr offenbaren will, muss es sich verdichten zum Feinstoffhaften, zum Strahlend-Sichtbaren. Das wird durch das „O" ausgedrückt. Um aber kundzutun, dass die Götter sich auch im Fleisch offenbaren in uns Menschen, das wird durch Aussprachen des

„U", des zur Materie verdichteten Seins der Götter gesagt. Das „M" am Ende des Wortes

„Aoum" bedeutet das Hineinsinken des Ganzen in das urewige Meer des Seins, der Unendlichkeit, des Göttlichen.

Das Gleiche gilt etwa für das Wort Tao: sprich TAOU! Das sind Namen, durch deren Aussprachen der an magische Worte gewöhnte und durch sie geübte Mensch sofort Zustände höchsten Bewusstseins herbeiführen kann. Es sind allgemein gültige, im All und im Ich des einzelnen schwingenden Worts, es sind Energie lösende, ungeheure Energien freimachende Namen, die in Wahrheit Namen des Göttlichen im Menschen sind.

Auch der deutsche Mensch besitzt in seiner Ursprache eine große Menge solcher wunderbar wirkenden Weisheits- und magischer Worte. So sind die Namen der Götter, etwas ganz anderes, als was eine Spätere nicht erkennende Zeit aus ihnen machen wollte. Man schreibt und spricht von einem „Schuldkonto der Götter", einfach weil man nicht erkannt hat, dass in frühen Zeiten des Germanentums heilige Reinreiten und Erkenntnisse Allgemeingut waren, die sich durch Zeiten der Dekadenz verdunkeln mussten, denen jedes Volk, sei es auch das hehrste und reinste, im Laufe der vielen Jahrtausende seines Daseins unterliegt. So wurden aus den ursprünglich erhabenen Namen der Götter gefürchtete Gewalten. Aber die Namen geben Kunde von ihrer hohen Bedeutung, und aus ihr erkennen wir die unglaubliche Höhe der Kultur und des Innenlebens des germanischen Volkes, auf der es einstmals stand.

Das war lange bevor Tacitus über die Germanen Bericht erstattete. So ist der Name des Gottes Odin ein solches Zeugnis tiefen Wissens dieses Volkes in Urzeiten. Odin wurde ausgesprochen als A-o-U-D-I-N. Wir finden hier dieselbe Phonetik wie beim Namen A o u m. Wird die Gottheit ins Innere des Menschen gezogen, soll der Gottheitszustand im eigenen Ich errichtet werden, so beginnt man mit dem Laut des im All, im Äußeren befindlichen Wesens alles Seins, d. h. mit

A, verdichtet dieses zu o und weiter zu U und lässt es schwingen entweder

(im Indo-Germanischen) im M oder im germanischen im I N. Dieses I ist der starke Beweis für das Bestreben, das in der Materie sich verwirklichende Göttliche in das eigene Innere hineinzuziehen, es dort zu bewahren und nicht loszulassen.

Dieses Nichtloslassenwollen kennzeichnet ich durch den schwingenden Konsonanten N. Soll aber die Gottheit sich aus dem Inneren eines Menschen nach außen als Weisheit und heiliges Wissen kundtun (im „Veda"), so gebraucht der Germane das heilige Wort, das Gotteswort „Wodan", das U-0-D-A-N gesprochen wird. Aus der verdichteten Materie, dem Fleisch als U, löst es sich auf in das Seelische, das Feinstofflige durch den Vokal 0, um auseinander zufließen in das Unendliche, Göttche als „A".

Das N bezeichnet wieder das Festhalten dieses großen Göttlichen, das Weiterschwingenlassen im All der Unendlichkeit des eigenen Ichs. So finden wir Göttliches über Göttliches im Wort, im Gedanken, im Begriff! Alle Erkenntnis, alle Wahrheit, alle Macht und Herrlichkeit finden wir im Wort, im magischen Wort des Tiefen-Ichs.

Darum heißt es z.B. im Christentum auch: „Und das Wort ward Fleisch und wohnte unter uns…."

Das Licht sei mit allen, die diese Worte lesen!

Aoum!

ÜBUNGEN ZUR MAGISCHEN PRAXIS

VORÜBERLEGUNGEN

ATEMSCHULUNG

KONZENTRATIONS- UND VISUALISIE-RUNGSÜBUNGEN

IMAGINATIONSTRAINING

Nicht selten passiert es, dass der angehende Magier trotz wieder- holten Zitierens seiner doch so sorgfältig "ausgegrabenen" und studierten Ritualtexte nicht die kleinste Wirkung erzielt. Meistens schiebt er es dann auf wahrscheinlich fehlende wichtige Textzeilen.

Doch oft liegt es daran nicht! Schon immer hat es solche Leute gegeben, die, gleich auf welche Weise, in den Besitz von Ritualtexten gelangten und, diese vor sich her plappernd, sich nun als angehende Magier betrachteten.

Hauptgrund fehlender Wirkung, zum Glück für manche, ist oft einfach eine unzureichende magische Schulung, der sich ein jeder, will er wirkliche Ergebnisse erzielen, unterziehen muss. Nun gibt es mittlerweile ein großes Angebot von Yoga-, Meditations- und Magiebüchern, die sich der Verfasser dieser Zeilen im Lauf der Zeit angeeignet hat, doch ist dies für den Leser

Überflüssig, den gleichen Aufwand zu treiben, zumal für unsere magische Schulung eh nur Teile daraus wichtig sind. Daher wird dem Interessierten ein "abgekochter Sud" dieses Themenbereiches hier gereicht.

1. ATEMSCHULUNG

Die gesamte rituelle Arbeit ist fast nur dann von Erfolg gekrönt, wenn

ihr einige wesentliche Elemente zugrunde liegen. Diese sind: Atem-, Konzentrations- und Visualisierungstraining. Man bemerkt an dieser

Stelle schon, wie diese Elemente verbunden sind, ineinander übergreifen.

Richtige Atmung, insbesondere geschulte Atmung, ist eine fast unbegrenzte Energiequelle. Reinigung des Organismus, Ladung mit kosmischer Energie (Prana) und die positive Wirkung auf die gesamte Psyche sind nur wenige der vielen Auswirkungen des geschulten

Atems, die bis zu den höchsten Phänomen Leistungen, man denke an Berichte über tibetanische und hinduistische Mönche, gesteigert werden können.

Doch nun zur Praxis: Atemübungen kann man liegend, aufrecht sitzend oder stehend praktizieren, wobei auf entspannte Haltung und lockere Kleidung geachtet werden sollte. Wichtig ist zunächst das richtige Atmen, den so genannten Vollem zu üben, da beim Atem des Durchschnittsmenschen die Lunge nur unzureichend mit Luft versorgt wird. Die Atmung soll locker, entspannt und fließend verlaufen, also nicht abrupt, in Stufen und mit Muskelspannung. Man atme möglichst durch die Nase ein und durch den leicht geöffneten Mund aus. Beim Einatmen fülle man die Lunge langsam von unten nach oben, also von den untersten Rippen aufsteigend bis zum Schlüsselbein, und lasse dann den Atem leicht entweichen. Nach dem Ein- und Ausatmen wird einen kleinen Moment (zunächst) in der gefüllten oder geleerten Position verharrt, allerdings ohne direktes Luftanhalten durch die Halsmuskeln.

Wichtig ist auch, dass sich der übende den Prozess des Atmens bewusst macht, bewusst atmet, mit der Vorstellung von Energieaufnahme. "Ich atme ein, mein Körper nimmt die (positive) Luft, die Kraft, auf ... ich atme aus, mein Körper lässt die verbrauchte (negative) Luft entweichen."

Hierbei spürt der Anfänger schon einen wesentlichen Unterschied zu seinem bisherigen Atmen. Beherrscht er den vollen Atem, beginnt er, die Konzentration auf den Atem über längere Zeit beizubehalten und den Bewusstseinsprozess zu vertiefen. Er beginnt nun, seine Atemzüge zu zählen, und zwar jeweils bis zehn, dann wieder mit eins beginnend. Hat man dies über einen gewissen Zeitraum geübt, kann man zur nächsten Stufe schreiten.

Um die Dauer des Atems zu bestimmen, wählt man Zeiteinheiten (ZE).

Bewährt hat sich das Zählen der Herzschläge. Man beginnt die Übung mit einem einfachen 4 - 1 4, das bedeutet, vier Herzschläge

oder Zeiteinheiten einatmen, eine ZE anhalten bzw. eingeatmet verharren, über einen Zeitraum von vier ZE ausatmen, eine ZE anhalten usw. Wird ein Zyklus beherrscht, kann man dies langsam auf 4 - 2 - 4, 4 - 3 - 4 oder 4 - 4 - 4 steigern.

Ist man auch darin sicher, kann man die Dauer einer Zeiteinheit erweitern mit dem Ziel des einmaligen Ein- und Ausatmens pro Minute. Das sind allerdings Idealwerte, die zwar erstrebenswert, jedoch nicht unbedingt notwendig zum Weiterschreiten in den Übungen sind.

Man versuche bei den Atemübungen auch, die Phase des Ausatmens möglichst langsam zu halten. Beherrschen eines Zyklus, dies sei hier bemerkt, bedeutet nicht das problemlose 2-3malige Wiederholen, sondern einen Zyklus über 15 Minuten und mehr zu bewerkstelligen. Atemübungen sollten einerseits eine Mindestdauer von 10 Minuten nicht unterschreiten, andererseits nur so lange geübt werden, wie das der Körper unbelastet ausführen kann.

Die letztgenannte Übung jener Zyklen war eine Standardübung im "Order oft Theo Golden

Dawn", wo man sie den "Four-Fold-Breath", den Vierfachen Atem, nannte. Der "Golden Dawn" empfiehlt ihn als ideales Mittel zur Vorbereitung jeglicher rituellen Arbeit, um die dazu notwendige Stufe der Ruhe, Konzentration und desSchwingungszustands zu erreichen.

Schreiten wir nun zu der Regulierung des Atems (Pranayama). Unser Atem strömt nicht gleichmäßig durch beide Nasenöffnungen, sondern wechselt beim gesunden Menschen alle zwei Stunden, in denen der Atemfluss jeweils durch ein Nasenloch stärker, durch das andere schwächer fließt. Den rechten Nasenstrom nennt man Pingala oder Sonnenatem, den linken Ida oder Mondänem, den Zustand während des Wechsels Tsushima. Die nähere Bedeutung von Sonnen - und Mondänem ergibt sich in der Durchleuchtung ihrer Bezeichnung.

Der Übende schließt mit dem Daumen seiner rechten Hand das rechte Nasenloch und vollzieht so mit dem linken den "Vierfachen Atem" (Mondatem), und zwar fünfmal, dann schließt er mit dem kleinen und dem Ringfinger die linke Nasenöffnung und praktiziert das Gleiche nun mit dem rechten Nasenloch, also den Sonnenatem. Eine Variante dessen übt man, indem man pro Atemzug wechselt, rechts, einmal links usw.

Der menschliche Körper atmet bekanntlich nicht nur durch die Lunge, sondern die Haut des gesamten Körpers atmet, doch ist sich dessen kaum jemand in unseren Breiten bewusst, geschweige denn übt er diese Atmung. Dabei ist es von größter Wichtigkeit, Energie nicht nur über die Atemwege, sondern mittels des ganzen Körpers aufzunehmen, da wir so auch zum Beispiel bestimmte Körperteile mit Energie aufladen können. Man beginne damit, indem man zuerst das Körpersystem durch den Vierfachen Atem in den nötigen Rhythm- mischen, fließenden und konzentrierten Zustand bringt. Zur Porenatmung ist ein gewisses Maß an Imaginationsfähigkeit notwendig. Man imaginiere, dass die Luft, bzw. Energie vom gesamten Körper ein und ausgeatmet wird. Darauf erweitert man die Übung, indem die Atmung auf bestimmte Körperpartien oder Körperteile beschränkt wird, z.B. Augen, Solarplexus, Kopf,

Leber oder Unterleib. Diese fortgeschrittene Form übe man jedoch zunächst mit Vorsicht, führt sie doch zur Kontrolle der astralen und ätherischen

Kräfte innerhalb der Aura (was die Basis der praktischen Magie bedeutet) und der Heilungsfähigkeiten.

2.KONZENTRATIONS- UND VISUALISIE-RUNGSÜBUNGEN

Mit dem kontrollierten Atem hat der Suchende den ersten Schlüssel zu den Mysterien in der Hand. Denn beherrscht man seinen Atem, sind die fortgeschrittenen Atemübungen von Erfolg gekrönt, spürt man die neue Kraft, die Macht, die sich hieraus entwickeln kann. Und mit dem geschulten Atem ist es nun möglich, direkt auf die Gedankenwelt Einfluss zu nehmen.

In seinen magischen Arbeiten muss der Magier in der Lage sein, seine gesamte

Konzentrations- und Willenskraft gebündelt auf eine einzige bestimmte Sache zu richten. Das geringste Abschweifen oder Nachlassen der Konzentration kann bei gewissen Ritualen schlimme Folgen haben, daher ist die Beherrschung der Gedanken notwendige Voraussetzung für sein Tun. Wie einfach gesagt - wie schwerlich erreicht! Doch soll der Suchende sich nicht abschrecken lassen, sei der Pfad auch noch so steil. Schon zu Beginn wird der Übende merken, dass Gedanken schwerer als ein Sack Flöhe zu hüten sind; hier unterdrückt, kommen sie dort wieder auf! Doch durch eifriges Arbeiten wird er auch dies schaffen!

Um ein magisches Gedankenbild aufzubauen, muss zunächst die wichtigste Grundlage geschaffen werden. Und was ist notwendig, um ein neues Bild zu schaffen? Ein leeres Blatt! Wir müssen lernen, gedanklich zum Nichts zu gelangen, denn aus NICHTS wird ALLES. Um 1, 2, 3 usw. aufzustellen, bedarf es erst der Null. Und dieser Punkt muss zuerst erreicht werden. Vor jeder Übung vollziehe man, nachdem man sich in eine ruhige, harmonische Stimmung eingeschwungen hat, eine Zeitlang den Vierfachen Atem, bis der konzentrierte Atem gleichmäßig und harmonisch fließt. Die folgenden

Übungen werden, soweit nicht anders vermerkt, mit geschlossenen Augen vollzogen, um die Gedanken nicht durch Sichtbares noch mehr abzulenken.

Außerdem sei jedem Übenden nahegelegt, ein "Magisches Tagebuch" zu führen, in dem alle Übungen mit den Wirkungen festgehalten werden, um so den Stoff zu verinnerlichen, einen besseren Überblick zu bewahren und natürlich auch, um sich später an den erreichten Erfolgen erfreuen zu können. Die folgenden Übungen sind bewusst "einfach" gehalten, doch unterschätze der Übende nie die Kraft 'der "einfachen Dinge".

1. ÜBUNG:

In meditativer Versenkung beobachte der Übende seine Gedanken (z.B. wie vom anderen Ufer eines Flusses). Er greife keinen einzigen auf, sondern lasse sie vollkommen unbeteiligt fließen.

2.ÜBUNG:

Der Übende möge sich seine Gedankenflut als Oberfläche eines Gewässers vorstellen. Durch Harmonie möge er seine Gedanken zur Ruhe bringen, indem er seine Vorstellung fort setzt zu einem klaren, ruhigen Gebirgssee, in dem sich das Mondlicht spiegelt. (Das auf der Oberfläche reflektierende und das direkte Mondlicht möge er dankbar in sich aufnehmen.)

3. ÜBUNG:

Erreichen der "Dreifachen Null"

Der Übende soll sich innerhalb der Übung lösen von Zeit, Raum und Geschehen.

In meditativer Versenkung suggeriere er sich:

"Die Zeit hört auf zu existieren ... Zeit verschwindet ... es ist 'Null-Zeit'!"

Verweile dort, indem Du bewusst spürst, es ist "Null-Zeit" Dann:

»"Raum hört auf zu existieren ... Raum verschwindet ... es ist 'Null-Raum'!"

Spüre "Null-Zeit-Raum"! Ebenso verfahre mit dem. "Geschehen"! Verweile nun in diesem Zustand und verinnerliche ihn. Du befindest Dich, bildlich gesehen, in einer Art Kapsel oder Hülle, die nun losgelöst ist von der Umwelt, von Zeit, Raum und Geschehen. Verweile in diesem Zustand zunächst nur für kurze Zeit; lerne ihn kennen, erfühle ihn.

Beende die Übung jeweils mit dem Selbstbefehl:

"Zeit wird wieder existent ... es ist 'Zeit' (z.B. Nachmittag) ...

Raum wird existent ... ich befinde mich (z.B.) in meinem Arbeitszimmer ... ich werde wieder eins mit meiner Umgebung, ich nehme wieder

Anteil an dem 'weltlichen' Leben!"

Nun dehne den Zeitraum des Dreifachen Nullstadiums allmählich aus, soweit es Deine Übung zulässt.

Während der Übung aufsteigende bzw. empfundene Erscheinungen

lasse man in diesem Stadium noch unbeachtet und messe ihnen keinen großen Wert bei. Aus eigener Erfahrung sei an dieser Stelle darauf hingewiesen, sich über längere Zeit mit der jeweiligen Übung zu befassen, bevor man zur nächsten schreitet, auch wenn ein gewisses Jucken dazu vorhanden sein mag, das gesamte Programm an einem Nachmittag durchzuziehen. Und das wäre mit Sicherheit ein verlorener Nachmittag, an dem lediglich das Unterbewusstsein

einen kuriosen, unverständlichen Lichtbildervortrag halten dürfte. Unser Ziel aber, eine gewisse magische Reife zu entwickeln, erfordert beharrliches, stufenweises Aufsteigen in diese Sphären.

Ist es ein leichtes, meditativ den DreifMan entdeckt hier Parallelen zum Autogenen Training. Besonders die Oberstufe des A.T. enthält der magischen Schulung ähnelnde Elemente, ähnlich auch den folgenden Übungen.

Ist es ein leichtes, meditativ den Dreifachen Nullpunkt zu erreichen und zu halten, ist es an der Zeit, mit dem Visualisierungstraining zu beginnen.

Dem Aufmerksamen wird es schon aufgefallen sein: Eigentlich enthalten die vorangegangenen Übungen ja schon gewisse Visualelemente.

In gewissem Sinne ja, doch wurden diese Vorstellungen bisher nur als Mittel zum Erreichen bestimmter Zustände benutzt. Nun geht es jedoch um das bewusste, mentale Sichtbarmachen, das Projizieren erster Elemente auf das gerade erworbene "leere Blatt". Ziel der folgenden Übungen ist es, eine Farbe, Form, einen Gegenstand, Körper in Bewegung, so mental sichtbar zu machen, dass sie, ohne zu flackern, größer oder kleiner zu werden, klar und deutlich zu sehen sind, sich später sogar frei nach Willen in jede beliebige Position und Perspektive drehen lassen.

1. ÜBUNG:

Nachdem der Übende es sich an einem stillen Platz bequem gemacht und mittels des "Vierfachen Atems" die nötige Konzentrationstiefe erreicht hat, sich frei gemacht hat von äußeren Einflüssen durch den "Dreifachen Nullpunkt" beginne er mit der Visualisierung einfacher Symbole, nämlich:

Eine unendliche Senkrechte. - Pause.

Eine unendliche Waagrechte. - Pause.

Ein Kreis mittlerer Größe.

Ein Kreuz. - Pause.

Ein aufrechtes gleichschenkliges Dreieck. - Pause.

Ein Quadrat. - Ende.

Die Länge der Pause variiert je nach Veranlagung zwischen fünf Minuten und mehreren Tagen.

ÜBUNG

Unter obigen Bedingungen visualisiere die Folge Dreieck - Quadrat - Kreis - und zurück, so dass sich eins in das andere verwandelt diese Folge tendiert dazu, sich ab und an selbständig zu verwandeln, d.h. die bewusste Visualisierung wird zur unbewussten (Träumerei).

Für alle Visualisierungsübungen gilt: Treten erste Ermüdungserscheinungen auf, breche man die Übung ab und beginne erst wieder damit, wenn Körper und Geist dazu bereit sind.

ÜBUNG:

Man schreite fort, indem nun eine Farbfläche, möglichst groß, visualisiert wird.

Reihenfolge der Farben: Gelb - violett - rot - grün - blau - orange. Es empfiehlt sich, pro Tag nur eine Farbe zu üben, dafür aber häufiger!

ÜBUNG:

Fallen die bisher getanen Schritte leicht, nehmen wir die Formen von Übung 2 und die Farben von Übung 3. Visualisiere nun verschiedene farbige Flächen, die sich hieraus ermöglichen!

Zunächst lege man das Schwergewicht auf das Behalten des gleichen Farbtons der gewählten Figur.

Ziel der gesamten Übung ist es, über einen gewissen Zeitraum Farbe, Form und Größe konstant zu visualisieren.

Inzwischen wird der Übende bemerkt haben, dass gewisse Farben und Formen leichter fallen, andere schwerer. An manchen Tagen geht es gut, an anderen will sich kein Erfolg einstellen. Doch lasse man sich davon nicht beirren, vermeide jedoch jeden Zwang. Hierbei, wie auch in anderen Dingen, stellt sich der Erfolg nur durch beständiges Üben und Erkennen ein.

ÜBUNG

Macht das Visualisieren farbiger Flächen keine nennenswerten Schwierigkeiten mehr, beginnt man mit dreidimensionalen. Körpern:

Würfel - Kugel – Zylinder.

ÜBUNG

Setze nun die Körper in Bewegung, lasse sie kreisen, schwingen, senken, sich heben. Gelingt dies, übe man sich an mehreren Körpern, die miteinander in Bewegung stehen, z.B. ein Mobile, Windmühlen, eine Pendeluhr.

Der Übende achte jedoch beständig darauf, dass nur auf seinen Willen hin Veränderungen und Bewegungen entstehen. Die anfänglichen spontanen und schwer zu zähmenden Vistawechsel zeigen deutlich, wie schwer wirkliche Gedankenkontrolle ist.

ÜBUNG

Der Übende möge einen ihm bekannten

Ort oder Platz visualisieren. Er bemühe sich, jedes Detail erkennen zu können. Alsdann fahre man langsam visuell um den Platz herum, ihn aus allen Blickwinkeln betrachtend, zuletzt auch aus der Vogelperspektive.

Spätestens an dieser Stelle des Fortschritts sollte der Übende spüren und erkennen, wohin solches Training führt, welche Fähigkeiten hier- bei entwickelt werden können.

3. IMAGINATIONSTRAINING

Imagination und Visualisation sind zwei eng verwandte

Kreationsformen, die oft und gern verwechselt oder in einen Topf geworfen werden, selbst von bekannten Autoren solcher Literatur.

Bei der Imagination liegt der Schwerpunkt im bewussten Empfinden. Etwas wird imaginiert und, ob mental sichtbar (umso besser!) oder nicht, es soll sich dominant ein direktes Empfinden, Spüren einfinden, und das so intensiv wie nur irgend möglich! Der Unterschied wird, wenn auch etwas drastisch, erkennbar in folgendem Vergleich: Der Übende a.) visualisiert sich der Sonne entgegen- und hineinfließend,

oder aber b) er imaginiert dieses. Letzteres würde sicher, bei wirklicher Imagination, im wahrsten Sinne des Wortes eine heiße Sache!

Wohl aber gibt es in der magischen Praxis die Möglichkeit der Visualisierung, die gleichzeitig imaginiert werden soll, die visuelle Imagination. Oft geht der Imagination auch eine Visualisierung vorweg, wie z.B. in der folgenden Übung "Imagination der Elemente". Es sei noch einmal betont, Imagination bedeutet höchstmögliches Empfinden, Wahrnehmen, sie sucht die sinnliche Wahrnehmung. Aufgrund der vorangegangenen Übungen ist es nicht mehr notwendig, auf möglichst einfache Imaginationen zurückzugreifen, deshalb werden dem Übenden schon umfassendere Exerzitien dargestellt.

Die Vorbereitung zur Imagination entspricht selbstverständlich der zur Visualisierung empfohlenen!

ÜBUNG: "Imagination der Elemente"

Visualisiere, barfuß auf einer Wiese zu stehen. Imaginiere, welche Energie in der Erde ruht. Setze die Imagination fort, indem ein Ausströmen dieser Energie durch die Fußsohlen empfunden wird, den Körper erfüllt und ihn stärkt.

Umso öfter eine bestimmte Imago geübt wird, desto intensiver das Empfinden, umso deutlicher die Wahrnehmung!

Der Übende visualisiere sich fliegend. Er imaginiere intensiv den Kontakt mit dem Element Luft. Er spüre den ihn umströmenden Wind, wie Frische und Kühle auf seiner Haut.

Wichtiger als Nachempfinden ist eigenes Entdecken, Erleben!

Der Übende visualisiere sich vor einem großen Lagerfeuer stehend. Imaginativ empfinde, empfange er die vom Feuer ausgehende Wärme. Er spüre beim Näher herangehen auch die brennende, zerstörende Kraft des Feuers (jedenfalls materiell).

Visuell stehe der Übende am Rande eines Baches. Imagination: Er höre das Rauschen, Plätschern. Er lege seine Hände ins Wasser, es ist klar und rein. Er spüre, wie das Wasser fließt, strömt und reinigt. Bei allen Übungen werden sich, um so öfter und intensiver wieder- holt, weit mehr Empfindungen und anderes ergeben, doch wurden hier nur die einfachsten Übungen erwähnt, um a) dem Übenden nicht den Genuss des Selbstfindens zu nehmen, b), zumal er diese Dinge selbst erfahren muss.

WIE WERDEN SIGILLEN HERGESTELLT?

Zuerst sollten wir uns überlegen, was wir wollen. In dieser Phase ist es nicht immer einfach festzustellen, ob unsere Bedürfnisse ein Aspekt unseres wahren Willens sind oder ob sie nur ein egoistisches Bedürfnis ausdrücken. Im letzteren Fall wird die Sigil nicht funktionieren. Im ersteren Fall wird sie sich mit einem unbewussten Kraftstrom in Verbindung setzen, mit dem universellen Willen vereinen, und die Manifestation ist dann nur noch eine Frage der Zeit. Im Großen und Ganzen können Sigillen für alle Arten von Bedürfnissen hergestellt werden:

Jeder Wunsch, ob nach Freude, Wissen oder Macht, der auf natürliche Weise keine Erfüllung finden kann, kann mit Hilfe von Sigillen und deren Formel durch das Unterbewusstsein Verwirklichung erfahren.

Es gibt mehrere Methoden, Sigillen zu konstruieren. Die älteste von ihnen ist vermutlich die schamanische Methode. Ein Schamane könnte in die Wildnis gehen, um dort die Werkzeuge für einen spezifischen Akt der Zauberei zu finden. Zunächst würde er sich auf seine Absicht konzentrieren und Kraftlieder singen, einen Trancezustand hervorrufen und durch die Wildnis streifen, so wie die Geister ihn führen. Er würde dabei alle Objekte aufsammeln, die seine Aufmerksamkeit auf besondere Art und Weise erregen. Einige von diesen könnten aufgrund ihrer symbolischen Bedeutung benutzt werden, andere würden überhaupt keine Bedeutung besitzen, zumindest keine Bedeutung für das bewusste Ich.

Mittelalterliche Sigillen sollten aus den verschiedensten Abhandlungen

bekannt sein. Der Wunsch, in diesem Fall die Anrufung eines Geistes wurde in den Buchstaben des hebräischen Alphabets aufgeschrieben. Jeder Buchstabe wurde dann in eine Zahl verwandelt, und die ganze Serie von Zahlen wurde in einer kontinuierlichen Linie in eines der magischen Quadrate geschrieben.

Ein Beispiel: Die Sigil von Zazel, des Geistes von Saturn, wird auf das Saturnquadrat mit 3x3 Feldern gemalt. Zazel wird folgendermaßen buchstabiert: Z = 7, A = 1, Z = 7, E = 5, L = 30. Die 30 wird zu einer 3 reduziert, da das magische Quadrat für diese Zahl zu klein ist:

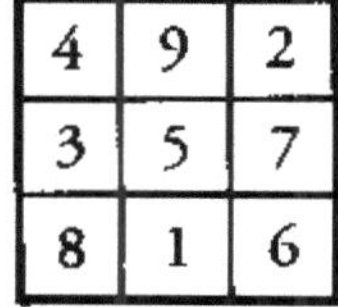
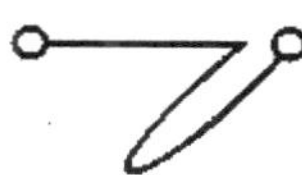

Runenmagier haben ihre eigene Art zu sigillisieren. Eine ihrer

Techniken wurde »Bind Runen« genannt. Ein Runenmagier würde sein Bedürfnis in Runenbuchstaben aufschreiben und diese zu einem einzigen Zeichen vereinen. Ein Beispiel: »Wodan« könnte folgendermaßen geschrieben werden:

Diese Methoden verlangen sehr viel Erfahrungen der Magier. Wir wenden uns jetzt den einfacheren Systemen zu, die für alle Zwecke verwendet werden können.

Wir beginnen damit, dass wir unser Bedürfnis in klarer und einfacher Form ausdrücken, sei es als Satz oder noch besser als einzelnes Wort. Wen wir z. B. »Ausdauer« wollen, würden wir zuerst alle doppelten Buchstaben entfernen. Das wäre ein A und ein U. Von »Ausdauer« bliebe dann AUSDER übrig. Diese Buchstaben werden kombiniert, um ein möglichst angenehmes und attraktives Zeichen zu schaffen, z.B.:

Du kannst diese Struktur vereinfachen oder weiter ausarbeiten,

ganz wie du willst. Wir können dieses System noch verbessern, indem wir ein magisches Alphabet verwenden. Frage dein inneres Selbst nach einem System von Schriftzeichen, dass für dich angemessen ist. Dann kombiniere die Buchstaben und verbinde sie zu einem passenden Zeichen:

Eine einzigartige Methode möchte ich hier vorgestellten. Hier wird der Wunsch lebendig und klar imaginiert, bis der Magier davon erleuchtet wird. Dann, während er sich auf seinen Wunsch konzentriert, beginnt der Magier ein Blatt Papier mit wilden, spontanen (»automatischen«) Kritzeleien zu füllen.

Wenn du das Papier vollgekritzelt hast, schließe deine Augen und konzentriere dich stark auf dein Bedürfnis. Bleibe locker dabei.

Nur wenn man völlig entspannt ist und nicht davor, sollte man das Papier hervor nehmen und direkt auf das blicken, was man gekritzelt hat. Jener Teil, der dem Auge als erstes auffällt, sollte eingekreist werden, der Rest der Zeichnung wird weggeworfen. Nimm einen neuen Bogen Papier und reproduziere darauf den Teil des alten Bogens, den du eingekreist hast, dann wiederhole den Vorgang.

Diese Prozedur wird wiederholt, immer und immer wieder, bis man zu einer Sigil gelangt, die intuitiv richtig ist. Der Prozess des Findens einer passenden Sigil ist bereits ein Teil der

Arbeit. Sei also nicht faul und mache einfach weiter, selbst wenn du mehrere Blätter Papier brauchst. Mit etwas Übung wird es dir leichtfallen, gewisse fundamentale Aspekte der Sigillenästhetik zu erkennen. Der Vorteil dieses Systems liegt darin, dass die Sigil nicht bewusst konstruiert, sondern vom inneren Selbst entwickelt wird, und zwar in einer Sprache, die es leicht versteht. Das Endresultat kann vereinfacht werden.

Eine weitere Methode der Sigillenherstellung besteht darin, den Wunsch in einer kontinuierlichen Linie aufzuschreiben, aber nicht in der gewohnten linearen Art und Weise. Forme die Buchstaben wie sie kommen, übereinander und in jede Richtung, wie es dir gefällt. Das folgende Beispiel bedeutet »Power«. Du füllst einfach das Innere der Form aus, und das Resultat ist ein unentzifferbares, vielförmiges Ding:

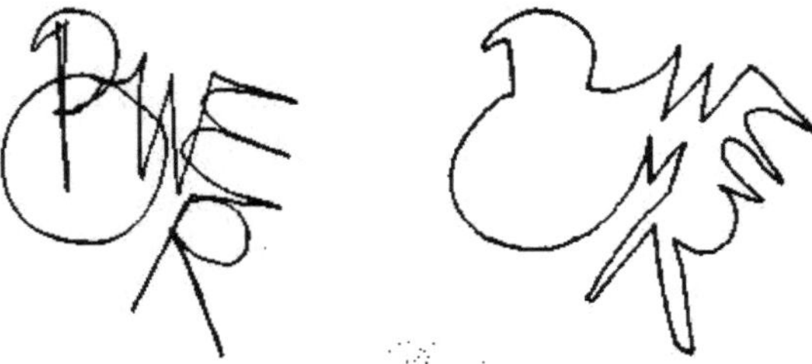

Dann gibt es noch eine weitere Art von Sigillen, die hier erwähnt werden sollte. Bis jetzt haben wir mit Sigillen gearbeitet, die bewusst für einen bestimmten Zweck geschaffen wurden. Manche Sigillen werden allerdings nicht entworfen, sondern empfangen. Dies ist der Fall, wenn wir einem Geist, einem Gott oder einer astralen Wesenheit begegnen und diese um eine geeignete Sigil bitten, um sie zu bezeichnen oder zu beschwören.

Solche Sigillen sind für unser bewusstes Ich oft völlig unverständlich. Wir empfangen sie und nehmen sie mit in den Bereich unserer manifestierten Realität, so dass die Identität, von der sie herrühren, einen leichteren Zugang zu dieser Ebene finden kann. In gewissem Sinn werden diese Sigillen zu einem manifestierten Aspekt einer manifestierten Intelligenz.

Sie schaffen eine Verbindung zwischen den Ebenen und erlauben uns, die Energie zirkulieren zu lassen.

Das Bewusstsein hinter solchen Kontaktsigillen scheint unabhängig zu sein, aber ihre

Ästhetik ist normalerweise auf die Persönlichkeit der empfangenden Personen zugeschnitten. Die besten dieser Sigillen enthalten eine Mischung aus bekannten und unbekannten Strukturen, halb offenbar und halb verborgen.

All diese Systeme der Sigillisierung haben eine Idee gemeinsam: Die Sigil sollte dich nicht an dein ursprüngliches Bedürfnis erinnern! Deine Identität, d.h. diejenigen Teile des Selbst, die dir bewusst sind, ist eine Kreatur mit vielen Bedürfnissen und Ängsten. Das Ego ist eine Ansammlung von

Gewohnheiten und Glaubensstrukturen, und viele davon stehen in Konflikt zueinander.

Nehmen wir an, du begehrst etwas. Dieses Begehren wird nicht von allen Teilen deiner Identität geteilt und viele deiner Persönlichkeiten könnten anderer Ansicht sein. Nehmen wir einmal an, dass du Geld willst und zu diesem Zweck eine Sigil herstellst. Manche Teile deines Bewusstseins würden für diese Operation sein, andere Teile hingegen würden Zweifel anmelden und wieder andere würden versuchen, die Umstände zu bestimmen, unter denen man Geld erhalten könnte. Dies bedeutet nicht einfach »Ich will Geld«, sondern »Ich will Geld unter diesen oder jenen Umständen«.

»Ich möchte nicht, dass ich Geld bekomme, wenn darunter eine andere Person leidet« - dies wäre etwas, das unsere moralischen Selbstteile sagen könnten. »Ich brauche nicht sehr viel« — das ist die Aussage eines der bescheideneren Selbstaspekte. »Je mehr, desto besser« - das sagen die gierigen Teile. »Ich möchte dafür arbeiten« - diese Selbstaspekte sehen eine gewisse Pflicht darin, für das, was man erhält, etwas zu tun. »Wenn ich es bekomme, dann werde ich es für gute Zwecke einsetzen« — ein idealistischer Teil der Identität. »Es wird doch nicht funktionieren« — da haben wir unsere zynische Natur. »Mach dich nicht zum Narren« - die skeptischen, zweifelnden Teile des Selbst. »Ich halte mein Urteil in der Schwebe« - eine wissenschaftliche Betrachtungsweise. »Mir ist es egal, wo es herkommt, Hauptsache es ist genug« — eine recht amoralische Einstellung. »Geld ist schlecht« - hier haben wir eine Idee, die aus einer vielleicht fehlgeleiteten Spiritualität resultiert. »Geld ist notwendig« — das ist eine eher realistische Betrachtungsweise. »Es ist angenehm« - hier spricht die materialistische Identität.

Und das ist erst der Anfang! Wie wird ein solches Bedürfnis erfüllt? Was sind die

Möglichkeiten, die sich daraus ergeben? Das, was wir für ein einzelnes Wesen hielten, unsere ureigenste Identität, offenbart sich als Wirrwarr von vielen Persönlichkeiten und vielen Teilen des Selbst, von denen jeder sinnvolle Bedürfnisse hat und jeder auf der Suche nach Kontrolle über die Situation ist. Und dabei geht es doch nur um Geld. Ist Geld ein solch schwieriger Gedanke?

Überlege doch einmal, wie viele Ansichten du und die Teile deiner Persönlichkeit zu Ideen wie magischer Kraft, Liebe, Hingabe, Veränderung der Identität usw. haben können, und du wirst sehen, welche Probleme daraus entstehen.

Es ist selten, dass wir eine einzige Meinung haben. Zwischen den vielen Teilen des Selbst kann es leicht zu Konflikten kommen. Alle Teile des Selbst haben auf ihre eigene Art Recht und erfüllen eine wertvolle Funktion. Wie kommen wir also zu Entscheidungen, klaren Handlungen oder innerer Zusammenarbeit? Meistens braucht es eine stärkere Notwendigkeit

(z. B. den Überlebenstrieb, Instinkte, die Erfüllung dringender Bedürfnisse oder des wahren Willens), die es uns ermöglicht, zu einer Entscheidung zu kommen und zu handeln. Zur Vermeidung solcher Konflikte verwenden wir Sigillen.

Eine Sigil ist eine neutrale Form. Wir können mit ihr magisch arbeiten, ohne uns die 333 inneren Pro und Kontra einschließlich aller Vetorechte überlegen zu müssen. Wir können uns auf die Form konzentrieren und dabei die ursprüngliche Bedeutung der Sigil vergessen. Wir können vergessen, was wir uns an Zweifeln, Hoffnungen, Bedürfnissen, Sorgen, Notwendigkeiten, Umständen der Erfüllung usw. in unserem Kopf zurechtgelegt haben.

Sigillen sind abstrakt, um Konflikte zu vermeiden und zu

verhindern, dass sich das Ego zu sehr einmischt. Eine Sigil wird der

Tiefe übergeben, dem Bereich des wahren Willens und des reinen Instinktes, und diese Teile des inneren Selbst entscheiden, wann und wie die Manifestation stattfindet.

Der Sigillenzauberer muss sich nicht unbedingt mit Fragen wie »Steht denn dieses Bedürfnis überhaupt in Einklang mit meinem Willen?« herumquälen. Eine solche Frage ist schwer zu entscheiden. Wir sollten vielleicht die Tatsache akzeptieren, dass wir nicht immer wissen, wie die Natur und die Richtung unseres Willens aussehen. In gewisser Hinsicht ist Sigillenmagie eine Art des Feedbacks. Ein Wunsch steigt aus der Tiefe auf, wird erkannt, sigillisiert, der Tiefe zurückgegeben, und findet aus der Tiefe heraus Erfüllung.

Während der Übermittlung der Sigil in die Tiefe sollten wir vermeiden, an das ursprüngliche Bedürfnis zu denken. Ich vor, gleich ganze Serien von Sigillen zu gestalten. Du sigillisierst einfach mehrere Wünsche, bewahrst die Sigillen gemeinsam auf und holst von Zeit zu Zeit eine von ihnen hervor, um mit ihr zu zaubern. Am besten ist es, wenn du nicht mehr weißt, wofür die Sigil geschaffen wurde. In dieser Form übermittelst du sie am einfachsten. Wenn du dich an die Bedeutung der Sigil erinnerst, dann ist es ein guter Trick, so zu tun, als ob du sie vergessen hättest. Tue einfach so, als wüsstest du nicht, wofür die Sigil, mit der du gerade arbeitest, gut ist. Alle Formen von Begierde, Notwendigkeit, Hoffnung, Sorge, Zweifel, Lust usw. stören die Handlung der Übermittlung, da sie die Sigil mit Emotionen assoziieren, die ihre freie Passage in die Tiefe behindern können.

In den Beispielen, die Austin Spare in seinem Buch der Freude gab, formulierte er seine Bedürfnisse in langen Sätzen wie »Dies ist mein Wunsch, die Kraft eines Tigers zu erlangen«. Ich halte das für unnötig kompliziert. »Dies ist mein Wunsch« kann weggelassen werden, denn wenn es nicht mein Wunsch wäre, würde ich es nicht sigillisieren. Dasselbe gilt für »zu erlangen«. Wenn wir das Ganze auf »Tigerkraft« reduzieren, bekommen wir eine einfachere Sigil mit weniger überflüssigem Material.

Es ist nicht notwendig, einer Akupunkturnadel zu sagen, was sie tun soll. Wenn man den richtigen Punkt in der richtigen Intensität stimuliert, wird das Unbewusste aufwachen und die Situation korrigieren, indem es das Gleichgewicht wiederherstellt. Natürlich wirkt es nicht so sicher, wenn wir statt »Ich will Geld« nur »Geld« sigillisieren, aber kann denn das Unbewusste unsere Absichten missverstehen? Wenn die Sigil die Geldaspekte unseres Wesens berührt, dann wird der wahre Wille schon entscheiden, ob man mehr

oder weniger braucht. In diesem Sinne ist   Sigillenmagie auf

Vertrauen aufgebaut. Resultate können unerwartet erscheinen, aber das bedeutet nicht, dass sie deshalb falsch wären. Eine Sigil ist kein Befehl, sondern eine Anfrage. Jene Teile des Selbst, die die Manifestation der Sigil bewirken, sind intelligent.

Der Körper der Sigil ist ein weiterer wichtiger Punkt. Die Botschaft der Sigil kann leichter übermittelt werden, wenn die Ästhetik stimmt. Chinesische Taoisten etwa schreiben ihre Sigillen in roter Tusche auf gelbes Papier. Dann wird das Papier mit dem heiligen Stempel geschmückt, die Hälfte des Blattes kann verbrannt werden, um in die Geisterwelt zu kommen, die andere Hälfte wird behalten.

Die Verwendung von farbigem Papier und farbiger Tusche ist durchaus hilfreich, vorausgesetzt, du hast einige direkte Erfahrungen, was Farben für dich bedeuten. Es ist sinnlos, die Bedeutung und den Symbolismus von Farben in irgendeinem Buch nachzuschlagen. Dieses Wissen muss aus dem Leben kommen. Auch die Form des Papiers bietet Wahlmöglichkeiten. Ein rundes Stück Papier könnte die Rundheit der Saat symbolisieren, ein quadratisches die Festigkeit der Materie, ein Dreieck könnte Kraft andeuten. Es kommt ganz auf die Natur deines Wunsches an.

Papier ist nicht das einzige Material, das man als Körper für eine Sigil verwenden kann. Einige Magier verwenden z.B. ein Lehm- oder Tonpentakel, in das sie die Sigil einritzen. Dieses symbolisiert das Fleisch, die Erde, die Realität, was materielle Resultate erleichtern soll. Dauerhafte Materialien wie Stein, Metall oder Knochen suggerieren dauerhafte Effekte. Knochen sind für alle Angelegenheiten geeignet, die sich auf den Kern unseres Wesens beziehen, vorausgesetzt du assoziierst die richtigen Gedanken damit. Wenn Knochen für dich Alter oder Essenz bedeuten, dann wird es hervorragend funktionieren. Wenn Knochen jedoch Tod und Verdammnis suggerieren, dann solltest du dich vielleicht besser mit dem Material anfreunden, bevor du mit ihm zu arbeiten beginnst.

Holz ist für alles gut, was wächst. Runenmagier haben ihre Zeichen in Holz geritzt und danach etwas Asche oder Blut darübergestrichen, um die Inschrift leichter leserlich zu machen. Wenn du dein eigenes Blut benutzt, wird dies auf jeden Fall Ernsthaftigkeit und Hingabe suggerieren.

Metalle können entsprechend den planetaren Eigenschaften verwendet werden. Mit einigen Sigillen wird nur in der Imagination gearbeitet.

Auch auf der Astralebene können Sigillen geweiht und übermittelt werden. Bei einfacheren Sigillen ist dies leicht. Bei komplizierten Sigillen kann es jedoch sein, dass es zu viel Aufwand kostet, die Form der Sigil im Bewusstsein klar aufrechtzuerhalten. In diesem Fall könntest du versuchen, die Form der Sigil in ein Behältnis zu geben, z.B. in eine Schatzkiste, in einen Kelch, in ein Samenkorn oder in irgendein anders Gefäß, und dann mit diesem Gefäß deine Magie zu betreiben.

Manchmal ist ein provisorischer Körper geeigneter. Wenn du deine Traummagie beeinflussen willst, könntest du z.B. eine Sigil auf Papier malen, diese Sigil zu einem Papierboot falten und dann auf einem Fluss, See oder Teich aussetzen. Früher oder später sinkt das Papierboot und das Wasser empfängt die Idee. Du könntest die Sigil auch in Erdfarben auf deine Haut malen und tanzen, bis du sie abgeschwitzt hast. Oder du könntest sie in Beeren auf dem Waldboden formen, die dann von den Vögeln gefressen werden. Du könntest sie in die Erde ritzen und dem Regen überlassen. Oder auf Papier gezeichnet ins Feuer werfen. Du könntest dich sogar von ihr ernähren. Zeichne deine Sigil mit Lebensmittelfarbe auf Papier, wasche die Farbe mit Wasser ab und trinke das Ganze. Andere Sigillen können als Kuchen oder Kekse gebacken werden. Wie Nema formulierte: »Essen ist eine gute Erdung.« Es gibt so viele Möglichkeiten, entwickle deine eigenen!

DAS RITUAL

Wir HABEN also unsere Saat geschaffen und bereiten uns nun vor, sie in einen angemessenen Grund zu pflanzen. Zu diesem Zweck können wir die Sigil als Botschaft betrachten, als Einheit von Form, Energie und Bewusstsein, die unsere Wünsche in die tieferen Bereiche des Bewusstseins transportiert. Einerseits ist die Sigil eine Botschaft, andererseits ist sie aber auch ein lebendes Wesen, genauso wie ein Samenkorn eine potenzielle Pflanze ist. Ein drittes Modell würde die Sigil als Tür oder Durchgang betrachten, als Kanal, der bis zu einer entsprechenden Kraftzone reicht. Die Sigil ist dies alles und noch wesentlich mehr.

Um effektiv wirken zu können, sollte die Sigil dem Unbewussten mitgeteilt werden. Zunächst heißt das, dass wir uns an ihre Form gewöhnen. Wir sollten diese so gut kennen, dass wir sie aus dem Gedächtnis malen können. Dies ist einer der Gründe, warum eine Sigil einfach und unkompliziert sein sollte. Einige Autoren behaupten, dass eine Sigil so bekannt sein sollte, dass man sie leicht und lange imaginieren kann. Meiner Erfahrung nach ist dies nicht notwendig. Die Vertrautheit mit der Sigil ist normalerweise genug. Es ist ausreichend, mit der Sigil in seiner körperlichen Form, also aufgezeichnet auf Papier, zu arbeiten. Da wir der Form einen Körper gegeben haben, können wir auch unsere Augen benutzen und mit ihnen arbeiten.

Eine klare und anhaltende Imagination der Sigil ist nur dann notwendig, wenn wir sie auf der Astralebene verwenden oder mit geschlossenen Augen übermitteln wollen. Zu diesem Zweck eignen sich am besten einfache Sigillen. Wenn du bereits mit ein paar Dutzend Sigillen Erfahrungen gesammelt hast, dann wirst du sicher wissen, welche du auf der körperlichen und welche du auf der astralen Ebene übermitteln kannst.

Nun wollen wir unsere Sigillenform in die tieferen Bereiche unseres Bewusstseins übermitteln. Bereiche, die nach anderen Gesetzen funktionieren, nach anderen Regeln und Systemen als die oberflächlichen Bereiche des Bewusstseins. Wie öffnen wir die Tore in die Tiefe? Wir arbeiten auf der Grundlage von innerer Leere und Erschöpfung. Unter gewissen

Bedingungen entstehen Sprünge, Risse und Löcher in der Panzerung aus Gewohnheit und Identität. Durch diese Löcher kann das Unbekannte erreicht werden. Wir können unsere bewusste Identität erschöpfen oder einfach in der Schwebe halten.

Zu diesem Zweck gibt es mehrere Strategien. Körperliche Erschöpfung ist sehr nützlich. Gute

Übungen sind z.B. lange Spaziergänge in Wald und Feld, Tanzen, Singen, Sex,

Kampfkunstübungen usw. - alles, was dafür sorgt, dass du deine zivilisierte Persönlichkeit vergisst, ordentlich schwitzt und einen intensiven Zugang zu deinem Körper findest.

Identität kann auch durch Krisen oder Probleme erschöpft und aufgelöst werden.

Enttäuschungen, Schmerz, Zweifel, morbide Gedanken und Krankheiten tendieren dazu,

Löcher im Gewebe unserer Persönlichkeit zu erzeugen, die Notwendigkeit von ihrer Bedeutung zu befreien und die Einschränkungen zu überwinden, die durch den stagnierenden Glauben entstanden sind.

In gewissem Sinn ist die Krise eine Gelegenheit, nutzloses Geistesmaterial loszuwerden und die Welt neu zu sehen. Eine Zeit des Zweifels und der Sorgen kann eine wunderbare Gelegenheit sein, die tieferen Bereiche der Persönlichkeit zu entdecken. Aber wie nützlich Krisen auch sein mögen, wir müssen sie nicht bewusst herbei beschwören. Obwohl Zweifel und Krisen nützliche Werkzeuge zur Auflösung von Identität und stagnierendem Glauben sind, heißt das nicht, dass sie die einzigen Mittel dazu sind. Vor allem sollten wir nicht annehmen, dass eine tiefere Krise gleichbedeutend mit mehr Inspiration ist. Wir müssen uns nicht zerreißen, um einen Durchgang zu schaffen, durch den die Sigil in die Tiefe dringen kann. Krisen sollten weder gesucht noch vermieden werden. Was wir in diesem Zusammenhang brauchen, ist einfach Ehrlichkeit.

Für unsere Sigillenmagie benötigen wir einen Spalt, einen Leerraum, eine Pause, durch die die Sigil übermittelt werden kann, ohne dass sich das Ego einmischt. Dieser Spalt kann durch eine Krise hervorgerufen werden, genauso gut gibt es aber auch unzählige andere Wege. Wie viel Aufwand brauchst du, um dich zu öffnen, um einfach und leer zu werden?

Dieses Thema hat zu einer Menge Missverständnisse geführt. Der wesentliche Punkt ist die

Stärke und Zähigkeit deines Egos. Eine Person mit einem großen Ego wird wesentlich mehr Aufwand brauchen, um leer zu werden, als eine Person, die am Rande der Realität lebt und versucht, sich von Selbstüberschätzung und anderen Fallen fernzuhalten. Viele Magier brauchen großen Aufwand, Fastenzeiten, heilige Eide, spezielle Disziplinen,

Reinigungszeremonien, große magische Zurückgezogenheit, teures Material, geheime

Formeln, sexuelle Enthaltsamkeit, überwältigende Anrufungen, komplizierte Rituale, geheime Zeichen und was auch immer, um Resultate zu erreichen, die bei einfacheren Magiern fast von selbst geschehen. Die Frage dabei ist, wie wichtig du dich nimmst. Großer Aufwand bedeutet nicht, dass man auch großartige Resultate erzielt. Die »wichtigen« Magier, also solche Leute, die für sich göttlichen Segen, tiefe Weisheit, heilige Autorität usw. in Anspruch nehmen, sind normalerweise völlig außerstande, über sich selbst zu lachen, und brauchen solch drastische Maßnahmen, um überhaupt Effekte hervorzubringen.

Es ist möglich, das Ego auch durch Freude in der Schwebe zu halten, durch intensive Freude, Liebe und Begeisterung. All dies leert den Geist und öffnet die Tore zur Tiefe. Mit Drogen hingegen ist dies meist schwieriger. Einige davon können dich öffnen, aber solange du sie nicht gut kennst und genau die richtige Dosis anwenden kannst, werden sie deine Konzentration eher behindern und dadurch die Übermittlung stören.

Andere Zeiten, in denen du offen bist, sind die Alphaphasen des Halbschlafes und der leichten Hypnose.

In diesem Zustand, wie auch in jener seltsamen Bewusstheit, die als »magische Zeit« bekannt ist, sollte man Sigillen verwenden, die sich leicht imaginieren lassen. Die »magische Zeit« kann nicht durch Aufwand herbeigeführt werden. Sie ergibt sich von selbst, in einer Form, die durch das Individuum bestimmt wird. Sie ist ein Zustand des nicht-rationalen Funktionierens, eine Art Wachtraum mit aufgerissenen Augen und weit geöffnetem Geist, bei dem die Zeit stillzustehen scheint und das Bewusstsein die Umgebung mit intensiver Luzidität durchdringt.

Moderne Anhänger des alten ägyptischen Maat-Kultes nennen dieses Ereignis Theo vortex, den »Wirbel«. Eine psychologische Erklärung hierfür wäre, dass in dieser Trance verschiedene Teile des Gehirns zu Bewusstheit gelangen, die uns normalerweise nicht bewusst sind. All diese Zustände halten das Ego in der Schwebe und sind für die Sigillenmagie geeignet.

Wenn wir ein gewisses Maß an innerer Leere erreicht haben, können wir die Sigil übermitteln. Die grundsätzliche Formel dafür ist sehr einfach: Entleere dich, finde Kontakt mit der Tiefe, umarme die Sigil, erlaube ihr zu versinken, schließe den Durchgang und vergiss sie.

Manche Magier scheinen die Öffnungsphase mit Übermittlungsphase zu verwechseln. Ihrer Meinung nach der sind Krisen, Erschöpfung, intensive sexuelle Erregung usw. Quellen von starker Energie, und diese Energie, so glauben sie, sollte in die Sigil hineingeladen werden, um sie dynamisch und stark zu machen.

Diese Annahme ist weit verbreitet und liegt ziemlich daneben. Ich möchte hier hinzufügen, dass ich selbst lange Zeit an diese Art von Unsinn geglaubt habe. Bei dieser Methode werden Auflösung und Krise, egal ob angenehm oder schmerzhaft, verwendet, um die Sigil mit Kraft zu laden. Dazu kommt normalerweise die Annahme »mehr Kraft = bessere Resultate«. Wenn eine solche kraftgeladene Sigil nicht funktioniert, versuchen diese Magier meist die Kraft zu erhöhen, d.h. sie brauchen tiefere Krisen, intensivere Rituale, mehr Erschöpfung oder einen stärkeren Orgasmus - was auch immer, es macht keinen Unterschied. Das übliche Resultat davon ist Krampf und Frustration.

»Es besteht kein Grund zur Quälerei«

Ich glaube, dass es in diesem Zusammenhang wichtig ist, auf den Unterschied zwischen Sigillen als Botschaften und Sigillen als Körper von Elementargeistern hinzuweisen. Wenn wir eine Sigil benutzen, um sie zum Körper eines Elementargeistes zu machen, dann können wir diesen Geist in sie hinein laden. Wenn wir aber eine Sigil verwenden, um eine Suggestion, eine Botschaft oder einen Wunsch an unser Unterbewusstsein zu übermitteln, dann brauchen wir diese Botschaft nicht zu laden. Das Unbewusste hat all die Energie und Willenskraft, die es braucht, um das gewünschte Resultat hervorzubringen.

ÜBERMITTELN WIR DIE Sigil?

Wir öffnen einfach unseren Geist und erlauben der Form, unser gesamtes Bewusstsein zu erfüllen. Dies ist nicht jene Art von Konzentration, zu der man Anstrengung und Aufwand braucht: Unter gewissen Umständen geht das Bewusstsein ganz von selbst zu der Form hin, nährt sich von ihr, erfühlt sie und füllt sie mit Bewusstsein und Kraft. Wir fühlen uns still und sind zutiefst bewusst. Vielleicht brauchen wir eine gewisse Anstrengung, um die Tore zu öffnen.

Es sollte aber keine Anstrengung nötig sein, um die Sigil zu übermitteln. Wir müssen leer sein, um zu empfangen. Vor allem sollten wir uns während der Übermittlung nicht mit Gefühlen des Schmerzes oder Zwangs belasten, die in Krisen leicht auftreten können.

Mache die Sigil zum Brennpunkt deines Bewusstseins. Fühle sie, das ist genug. Halte deinen Geist leer und deine Aufmerksamkeit auf die Sigil gerichtet. Kannst du deinem Geist erlauben, in die Linien zu strömen, die Formen auszufüllen und Bewusstsein in die Saat zu bringen? Während dieses Vorgangs können allerhand Effekte auftreten. Es könnte z.B. sein, dass sich die Linien bewegen, dass das Papier aufleuchtet oder sich verdunkelt, dass die Form scharf oder unscharf wird, dass du plötzlich doppelt siehst usw. Kümmere dich nicht darum, halte einfach deine Aufmerksamkeit auf die Sigil gerichtet, ruhig und gelöst, und vermeide jede Anstrengung. Diese Phänomene könnten darauf hinweisen, dass du die tieferen Ebenen erreichst. Dies an sich sollte aber nicht von großer Bedeutung für dich sein.

Es kann auch passieren, dass stärkere Effekte auftreten. Während die Sigil in die Tiefe eindringt, kann sie alle Arten von sonderbaren Wesenheiten oder Dingen aufrühren. Es kann zu starken Emotionen kommen oder zu Ablenkungen, die deine

Aufmerksamkeit von der Sigil abzubringen versuchen. Es kann zu

Muskelzuckungen kommen, zu unwillkürlichen Bewegungen, oder vielleicht hast du plötzlich das dringende Bedürfnis, dich zu kratzen oder auf die Toilette zu gehen.

Sigillen nehmen sonderbare Wege, und auf ihren Wegen können sie bizarre

Ausschussprodukte deines Bewusstseins aus ihrem zwielichtigen Schlaf erwecken. Vielleicht will sich auch dein Ego einmischen. Vielleicht will es dafür sorgen, dass du aufhörst und die Tore verschließt. Egal was passiert, mache dir keine Sorgen. Bleibe ruhig und gleichmütig. Erlaube dem, was zur Oberfläche steigt, durch dich zu ziehen und zu verschwinden. Halte es nicht fest, kämpfe nicht, widerstehe nicht. Halte nur deine Aufmerksamkeit auf die Sigil gerichtet. Es kann auch passieren, dass du in einen tieferen Trancezustand gerätst. Du könntest deinen Zeitsinn verlieren oder feststellen, dass dein Körper zu zittern oder zu schwanken beginnt. Dies sind angenehme Nebeneffekte, die aber für unsere Arbeit nicht besonders wichtig sind. Halte einfach deine Aufmerksamkeit auf die Sigil gerichtet und vermeide Anspannungen.

Es kann auch vorkommen, dass du dich plötzlich an das ursprüngliche Bedürfnis erinnerst, für das du die Sigil geschaffen hast. Dies ist völlig nutzlos und birgt die Gefahr in sich, dass die Form der Sigil mit all den Befürchtungen, Ängsten und Hoffnungen verknüpft wird, die du eigentlich vermeiden wolltest.

Kümmere dich nicht um das Bedürfnis, kümmere dich nur um die Form der Sigil und um nichts sonst. Du musst deinem inneren Selbst nicht mitteilen, wozu die Sigil dient, und du musst auch der Sigil nicht erklären, welchen Weg sie durch die Tiefe nehmen soll, denn die Saat weiß, wo sie hingehört.

Die Erfahrungen, die beim Übermitteln entstehen, sollten weder bekämpft noch gesucht werden. Du musst auch nicht beurteilen, ob sie wichtig oder unwichtig sind. Oft genug kommt es während der Übermittlung zu verschiedenen Phasen, Phasen der Erregung und Phasen der Beruhigung. Erregungszustände wie Schwanken, schamanisches Zittern usw. lösen

Spannungen und regulieren die Tiefe der Trance, während Ruhe und Gleichmut dafür sorgen, dass die Botschaft tief eindringt und gut verstanden wird. Krämpfe und Anspannungen sind gefährlich, da sie die Übermittlung blockieren und die Sigillenform mit unangenehmen Emotionen assoziieren.

Nach einer Weile wirst du finden, dass es genug ist. Du kannst ein anderes Mal weiterarbeiten. Es könnte z.B. nützlich sein, zu Neumond eine Sigil zu erschaffen, und dann bis zum Vollmond, wann immer du Lust hast, ein wenig damit zu arbeiten. Dies soll nicht heißen, dass die Arbeit mit Sigillen von den lunaren Phasen abhängig ist, sondern nur, dass diese zur Konfirmation, zur Bestätigung verwendet werden können.

Nach jeder Übermittlung sollte die Sigil vergessen und ignoriert werden. Das klingt sehr einfach, aber so einfach ist es leider nicht. Um gut zu übermitteln, brauchst du einen einfachen Bewusstseinszustand. Vielleicht ist eine Stimmung der freundlichen Indifferenz am besten geeignet. Austin Spare drückte dies mit den Worten »macht nichts, muss nicht sein« aus.

EIN BEISPIEL FÜR EIN SIGILLENRITUAL

ERSCHÖPFUNG:

Versuche es doch einmal mit einer langen Fußwanderung zu einem magischen Ort, z.B. auf einen Berggipfel, in einen heiligen Wald, zu einem See oder zu irgendeinem Ort in der Natur, der dir etwas bedeutet.

Sieh zu, dass du unterwegs nicht allzu sehr über alltägliche Themen und Probleme nachdenkst und dass du ausreichend schwitzt. Schwierige Umstände, wie Nacht, Kälte, Hitze, Sturm, Gefahr usw., können dir helfen, dein Ego aus dem Gleichgewicht zu bringen und die Tore zu öffnen. Auch Mantras können hierfür nützlich sein.

ÜBERMITTLUNG:

Nachdem du angekommen bist, beginne mit einem einfachen Ritual und einer Reinigung. Rufe dann deine Götter, Geister, Totems und all die anderen Selbstaspekte an, mit denen du arbeiten willst. Dann gehe in eine Trance, z.B. durch Tanzen, Singen oder Musik. Lege das Sigil auf den Boden. Spiele auf einem einfachen Musikinstrument, während du auf die Sigil starrst. Versuche es mit abwechselnden Phasen von Musik und Stille. Wenn du Talent zu schamanischen Schüttelkrämpfen hast, ist es durchaus passend, wenn du dich dem

Schütteln oder Pulsieren hingibst. Notwendig ist dies allerdings nicht.

Gehe einfach mit der Strömung, kämpfe nicht gegen die Aufregung an, aber gib dich ihr auch nicht hin. Erlaube der Sigil während der stillen Phasen tief einzusinken, Dazu ist es nicht notwendig, dass du irgendetwas begehrst oder deine Ideen und Konzepte der Sigil aufbürdest. Empfinde sie einfach so tief du kannst, das ist genug.

ABSCHLUSS:

Wenn du deine Sigil übermittelt hast, gib ihr einen Kuss und begrabe sie. Du könntest ein paar Blumen auf die Erde legen und vielleicht etwas Wein darüber schütten. Stehe oder tanze dabei, dann bedanke dich. Beende das Ritual und gehe.

Dies ist nur ein Beispiel für ein rituelles Grundmuster, das die Übermittlung erleichtert. Die Technik war dabei extrovertiert, d.h. wir haben Musik verwendet, Gesang, Wildnis kontakt usw. Genauso gut kann man Sigillen aber auch in einer introvertierten Trance   übermitteln, z.B. auf der Astralebene oder in tiefer Selbsthypnose.

Irgendwo dazwischen liegt das Gebiet der so genannten Sexualmagie.

Es ist möglich, Sigillen zu übermitteln, indem man die Formen der Sexualmagie anwendet. Dabei sollte man jedoch bedenken, dass die Vereinigung Liebe braucht, um das Ego zu transzendieren oder in der Schwebe zu halten. Wenn das Gefühl der Liebe fehlt, wird die Identität nicht transzendiert und die Übermittlung funktioniert nur fehlerhaft. Liebe bedeutet, dass beide Partner einander vertrauen, und dies impliziert auch, dass du deine Sigillen oder Energien nicht einfach anderen Personen aufhalsen kannst, die womöglich gar nicht damit klarkommen.

Crowleys Tagebücher Rex de Arte Regia sind ein gutes Beispiel, wie sexuelle Magie nicht praktiziert werden sollte. Wenn du wie Crowley eine Prostituierte benutzt, die nicht einmal weiß, was geschieht, ist deine so genannte magische Vereinigung nichts als Onanie, und, ehrlich gesagt, nicht einmal das.

Manche Magier behaupten, dass man mit einer Sigil arbeiten sollte,

bis sich das Resultat manifestiert. Ich halte diese Einstellung für problematisch. Die Sigil wird sich manifestieren, wenn die Umstände für ihr Wachstum richtig sind. Wenn sie es nicht sind, wird auch kein Übermaß an Sturheit dafür sorgen, dass sich das gewünschte Ereignis einstellt. Stattdessen kann es geschehen, dass all der nutzlose Aufwand den Geist aus dem Gleichgewicht bringt.

Die Manifestation von Sigillen lässt sich nicht erzwingen.

Ich möchte hier noch auf eine Form der Sigillenarbeit hinweisen, die mit starken emotionalen Spannungen und Gefühlsausbrüchen arbeitet. Dies ist der Fall, wenn du mit einem Gott, einem Tiergeist oder irgendeiner anderen Wesenheit arbeitest, und zwar in einem Zustand der direkten Besessenheit, wie sie für verschiedene Formen von asiatischem

Schamanismus, afrikanischem Voodoo oder nordeuropäischem Seiär (was so viel wie »Sieden« oder »Sudkunst« bedeutet) typisch ist. Eine solche Trance kann eine wilde Angelegenheit sein, was ganz auf die Natur deines Gastes ankommt, mit jeder Menge von Geschrei, körperlichem Schütteln, Konfusion usw.

In solchen Fällen arbeitet der Gast direkt durch deinen Körper, und wenn ihm danach ist, dann kann es durchaus sein, dass er plötzlich nach einer Sigil greift und sie direkt übermittelt. Dies ist nicht dasselbe wie die bewusste Ladung einer Sigil, da die Anwesenheit deines Gastes bereits die Einmischung des Egos unterbunden hat. Es besteht auch kein Grund, den Geist zu entleeren. Die Entleerung dient nur dazu, das Ego in der Schwebe zu halten, was wir in diesem Fall nicht brauchen, und die Übermittlung in die Tiefe zu erleichtern, was ebenfalls unnötig ist, da es die Tiefe selbst ist, die zur Oberfläche aufgestiegen ist.

UNTER DER OBERFLÄCHE

Die Natur der Erde ist für die Entwicklung der Saat von entscheidender Bedeutung. Samenkörner keimen, wenn die Umstände für sie richtig sind. Deine Lebensumstände sind der Boden, auf dem die Sigil wächst und zur Blüte gelangt. Eine Sigil, die in den falschen Grund gepflanzt wird, kann sich nicht entwickeln. Sie weiß, dass die Umstände falsch sind, und bleibt latent im Ruhezustand. Die Sigil weiß, welche Umstände für ihre Manifestation erforderlich sind. Eine Sigil, die nicht im Einklang mit deinem gegenwärtigen Willen steht, wird nicht inkarnieren, sondern warten, ruhen und träumen. Bei der Wirksamkeit von Sigillen kommt es nicht auf den

Aufwand des Magiers an, sondern auf die Umstände, die durch den wahren Willen bestimmt werden.

Sigillen werden verwendet, wenn sich das bewusste Wollen in einem Zustand der Frustration befindet und nicht weiterkommt. Wir verwenden Sigillen, um unangenehme Umstände zu vermeiden. Wir verwenden sie, um uns nicht von unserer eigenen Identität zensieren zu lassen. Wir verwenden sie, um unseren Willen zu verwirklichen - auf Wegen, die wir noch nicht einmal kennen.

Wer bei der Übermittlung bereits an Resultate denkt, der versucht seinen Geist zu binden und eine Lösung entlang von Kanälen zu finden, die doch nicht funktionieren. Oft genug ist das Bewusste Selbst mit seinem Glauben und seinen Vorurteilen das größte Hindernis für die Manifestation einer Sigil.

In der Übermittlung einer Sigil ist das Bewusste Ich von passiver Bedeutung. Das aktive Agens, das einer Sigil zu Kraft und Bedeutung verhilft, ist das unbewusste Selbst. Wir müssen eine Sigil nicht mit unserer Kraft »laden«. Die Kraft, die wir bewusste hervorbringen können, ist nichts im Vergleich zu der Kraft, die das Unbewusste mobilisieren kann. Wir müssen die Sigil auch nicht mit Energie versorgen. Wenn wir sie gut übermitteln, wird sie ihren Weg in die tiefen Strömungen des wahren Willens und dynamischen Instinktes finden und dort ihre Botschaft übermitteln. Eine solche Sigil ist unwiderstehlich.

Die Erfahrung lehrt, dass sich einige Sigillen ziemlich schnell manifestieren, während andere eine Menge Zeit brauchen oder überhaupt nicht inkarnieren. Ob eine Sigil zu Realität wird, kommt ganz auf deinen wahren Willen an. Wichtig ist auch die Frage, ob sie unter deinen gegenwärtigen Lebensumständen überhaupt zu Realität werden kann. Eine Sigil, die deinem wahren Willen oder dem irgendeiner anderen Person entgegensteht, wird nicht die nötige Kraft aufbringen und so latent in der Tiefe verbleiben.

Solche Sigillen werden früher oder später als nutzloses Fremdmaterial betrachtet und aus dem System ausgeschieden. Dein Unbewusstes kann nutzlose Sigillen durch

Konfrontation entsorgen, d.h. du bekommst die Gelegenheit, aus deinen Fehlern zu lernen, indem du die mögliche Realisierung der Sigil in einem Alptraum erlebst, in einer Krise, auf der Astralebene, oder vielleicht, wenn du durch die dunkleren Tunnel deines Geistes reist. Die dunklen Götter helfen bei der Reinigung der Seele. Du erhältst Gelegenheit zu begreifen, was du einst so närrisch begehrt hast; Gelegenheit, das Material zu verdauen und einem neuen Nutzen zuzuführen.

Manchmal kann eine Sigil auf völlig unerwartete Weise inkarnieren. Anstatt zu bekommen, was du erhofft hast, wirst du vielleicht feststellen, dass dein Bedürfnis durch irgendeine Erleuchtung oder Veränderung in deiner Persönlichkeit transzendiert worden ist. Oft genug weiß das Unbewusste wesentlich besser als das Bewusste, welche Sigillen dem Großen Werk förderlich sind. Das unbewusste Selbst ist kein dummes Tier, das einfach herumdirigiert werden kann, sondern ein hochintelligentes Wesen.

Dann gibt es noch Sigillen, die nicht sofort inkarnieren können, weil die Umstände nicht stimmen oder die Gelegenheit nicht günstig ist. Solche Sigillen ruhen starr in der Tiefe und warten auf die richtige Zeit ihres Wachstums. Ein Samenkorn weiß, wann der Winter vorbei ist und Leben wieder möglich ist.

Wenn sich mehrere Sigillen für dasselbe unerfüllbare Bedürfnis ansammeln, dann kann es passieren, dass sie den Geist aus dem Gleichgewicht bringen. In einigen Fällen können sie

Manifestation durch Wunschphantasien, Halluzinationen ihre oder symbolische Handlungen finden, in anderen Fällen können sie aus der Tiefe eruptieren oder die begehrte Veränderung herbeiführen, indem sie alle Widerstände brechen. Im letzteren Fall erreichen wir das gewünschte Resultat, wenn auch auf dem anstrengenden Weg einer gewaltsamen inneren Veränderung.

Manchmal erhalten ruhende Sigillen die Gelegenheit zu inkarnieren, wenn sich unsere

Gewohnheiten und Glaubensformen verändern, sei es durch Krisen, Krankheiten oder

Änderungen in unserer Lebensweise. Der Zustand unserer Identität bestimmt die klimatischen Bedingungen, unter denen sich der Same entwickeln kann. Wir sind die Erdoberfläche und als solche wählen wir aus, welche Sigillen die Chance zum Wachstum erhalten.

Bedenke, dass eine Blume ganz bestimmte Bedingungen braucht. Die Erde muss fest genug sein, um die Wurzeln zu halten, weich genug, um es der Pflanze zu ermöglichen, durch sie zu wachsen. Sie muss Nährstoffe und die Wasser des Lebens enthalten. Es sollte Sonnenschein geben, frische Energie, die zirkulieren kann, sowie Kraft und Raum für die Pflanze, damit sie wachsen und gedeihen kann.

Einige Magier sind so gierig nach Resultaten, dass sie die Manifestation einer Sigil zu erzwingen versuchen, indem

intensive Ladungen von Energie oder Kraft in die hineinprojizieren. Wenn dies nicht funktioniert, verstärken sie Sigil sie einfach die Ladung oder versuchen das Tor größer zu machen, was nichts weiter bedeutet als eine tiefere Krise herbeizuführen.

Sie verwenden komplizierte Formeln der Kraft oder suchen nach geheimen Ritualen oder überwältigenden sexuellen Zaubereien. In seltenen Fällen kann das gewünschte Resultat auf diese Art erreicht werden, aber normalerweise ist das nicht der Fall. Ein Magier, der jetzt weiter Resultate zu erzwingen versucht, wird über kurz oder lang von Not und Notwendigkeit gefangen genommen und muss gegen Versagensängste ankämpfen. Wenige Magier sind so vernünftig, zu diesem Zeitpunkt aufzuhören und die Situation sich selbst zu überlassen. Stattdessen kämpfen sie weiter und laden ihre Sigillen mit immer stärkeren Dosen an Energie, Gefühl und Zwang, bis das Unbewusste den Kanal voll hat und dicht macht.

Es gibt viele Wege, mit Hindernissen umzugehen. Wir müssen nicht mit dem Kopf gegen die Wand rennen, bis entweder das eine oder das andere nachgibt. Sture Verbissenheit ist oft mit einer egoistischen Motivation verbunden, also dem fehlgeleiteten Glauben »Ich kenne meinen Willen und lasse ihn geschehen.« In einem solchen Rahmen wird Versagen als Bedrohung für das Ich wahrgenommen, dasselbe Ich, das so gerne vorgibt, es hätte göttliche Kraft und Autorität. So kommt es, dass sich manche Magier nicht helfen können. Sie müssen gegen Zwänge ankämpfen, egal wie schmerzhaft dies ist. In solchen Fällen wird eine einfache Sigillenübermittlung plötzlich zu einer »Herausforderung« oder »Prüfung«, was immer noch attraktiver zu sein scheint als einfach zuzugeben, dass man sich vielleicht doch geirrt haben könnte.

Die Revolution

Wenn Sie aufmerksam gelesen haben, wissen Sie, dass Sie die Bedeutung der Sigillen vergessen sollen. Darum möchte ich hier einen neuen Ansatz wieder geben.

Sie haben hier zehn Sigillen die ich unter verschiedenen Aspekten, wie Liebe, Beruf,

Freundschaft, Geld, Kraft entwickelt habe. Sie wissen nicht welche Sigille für was steht-

Suchen Sie sich eine aus, drucken Sie sie eventuell auf farbigem Papier aus und fangen an zu visualisieren und imaginieren.

Sie werden sehen auch diese Methode verspricht Erfolg.